Grüne Häuser, tropische Gärten

KEN YEANG T. R. Hamzah & Yeang, Kuala Lumpur / Llewelyn Davies Yeang, London

GREEN SCHOOL Bali / Indonesien

SEKSAN DESIGN Landscape Architecture & Planning, Kuala Lumpur

Grüne Häuser, tropische Gärten

KEN YEANG T. R. Hamzah & Yeang, Kuala Lumpur / Llewelyn Davies Yeang, London

GREEN SCHOOL Bali / Indonesien

SEKSAN DESIGN Landscape Architecture & Planning, Kuala Lumpur

Wasmuth

ifa Institut für Auslandsbeziehungen e. V.

IRIS LENZ

Leiterin der ifa-Galerie Stuttgart

Schauplatz Natur

Die bedrohte, verschmutzte, zerstörte Natur ist Spiegelbild unserer Zivilisation; Bilder einer »reinen, schönen, unverfälschten« Natur in ihrer traditionellen Funktion werden heute fast ausschließlich als suggestive Illusionsfläche in der Werbung eingesetzt. In Anbetracht der ökonomischen und politischen Interessen, die den Umgang mit unserer Umwelt weltweit bestimmen, setzen sich Künstlerinnen und Künstler heute meist zivilisationskritisch mit Natur auseinander: Sie entlarven falsche Paradiese, dokumentieren vergessene oder tot geschwiegene Folgen von Fehlentwicklungen und Katastrophen, schaffen ein Bewusstsein für ökologische Probleme oder reproduzieren Natur aus artifiziellen Elementen. Sie hinterfragen unseren Umgang mit der Natur, die immer ein kultureller Entwurf ist, der, wie jeder Entwurf, innerhalb von Kultur konstruiert wird.

Nachdem die ifa-Galerien Stuttgart und Berlin die Urbanisierung der Welt in der Reihe »StadtanSichten« thematisiert haben und dabei Megacities wie Moskau, Lagos, Istanbul, Kairo oder Seoul aus verschiedenen architekturhistorischen, urbanistischen, soziologischen und künstlerischen Blickwinkeln heraus betrachtet haben, versuchten sich die ersten drei Ausstellungen in der Reihe »Schauplatz Natur« dem Gegenentwurf zu Stadt, der Natur, anzunähern. Exemplarisch wählten wir drei Aspekte aus einem in diesem Rahmen eigentlich nicht fassbaren Themenspektrum:

Wasser als eines der vier Elemente, Natur- und Rohstoff, Lebensgrundlage, Mythos und Symbol, aber auch höchst brisantes Politikum vor allem in Afrika und im Nahen Osten stand im Mittelpunkt der Ausstellung »Wasserlust und Wassers Not«. Die Ausstellung »Tanz auf dem Vulkan« beleuchtete den Umgang des Menschen mit der Natur: Gift, Gas und Müll stehen für Umweltverschmutzung und für Katastrophen wie Tschernobyl, die uns in der Regel ein paar Wochen lang beschäftigen und recht schnell wieder in Vergessenheit geraten. Nicht nur Wissenschaftler, sondern auch Künstlerinnen und Künstler setzten sich mit den Folgen dieser Haltung und Politik in Natur und Gesellschaft auseinander. Eine dritte Ausstellung in der Reihe, »Das Paradies ist anderswo«, hinterfragte künstliche Paradiese, Traumbilder, die unsere immerwährende Sehnsucht nach Natur aufgreifen und entlarven: Künstlerinnen und Künstler aus Südostasien stellten sich der Frage, mit der die Fotografen Anna und Bernhard Blume schon vor zwanzig Jahren eine Serie betitelten: »Zurück zur Natur, aber wie?«

»Post-Oil City. Die Geschichte der Zukunft der Stadt«, die in Kooperation mit der Zeitschrift für Architektur und Städtebau ARCH+ entstandene vierte Ausstellung der Reihe, setzte sich mit der Frage auseinander, wie unsere Städte, in denen heute schon über die Hälfte der Weltbevölkerung lebt, in Zukunft nicht nur »grüner« und nachhaltiger, sondern auch lebenswerter gestaltet werden können. Mit der Ausstellung »Grüne Häuser, tropische Gärten« zoomen wir nun in die Stadt hinein und stellen zur Diskussion, wie nicht nur das urbane Gefüge als Ganzes, sondern die Stadtbausteine – das einzelne Gebäude, der Garten, der Park – im Sinne einer nachhaltigen Entwicklung neu gedacht, gestaltet und geformt werden können.

Grüne Häuser, tropische Gärten

Ein in die Zukunft gedachtes »Zurück zur Natur« im Bereich der Architektur und Landschaftsplanung ist keinesfalls nur ein Anliegen der Planer in den westlichen Industrienationen. Selbstverständlich suchen auch Architekten in oder aus Transformations- und Entwicklungsländern nach Lösungen, die der Ressourcenverknappung, der Erderwärmung sowie dem Bevölkerungswachstum gerecht werden und die zugleich eine hohe Lebensqualität garantieren. In tropischen Regionen sehen solche Lösungen natürlich anders aus als in gemäßigten Klimazonen. Kuala Lumpur unterscheidet sich von europäischen Städten durch seinen extrem verdichteten Stadtkern mit einer Vielzahl von Hochhäusern aus Stahl und Glas; am bekanntesten sind die beiden Petronas-Towers, das Wahrzeichen der 1,5 Millionen Einwohner starken Hauptstadt Malaysias. Die Metropolregion ist geprägt durch zahlreiche Agglomerationen dichter Blockbebauung und Hochhaussiedlungen, die wie Inseln im Grün des tropischen Regenwalds liegen. Der Urwald wächst und

NG SEKSAN, 49 Tempinis, Wohnhaus, Kuala Lumpur/Malaysia, 1995–2012

wuchert und greift sich, was nicht unentwegt gepflegt, beschnitten und im Zaum gehalten wird. Nur wenige ältere Stadtviertel oder Kleinstädte rund um Kuala Lumpur weisen noch eine traditionelle Struktur mit Dorfkern und Einfamilienhaussiedlungen auf. Dort findet man hinter schmalen Vorgärten, Mauern und Eingangstoren kleine Paradiese, Wohnhäuser mit Innenhöfen, Wasserbecken und Bäumen; Schlingpflanzen und blühende, duftende Büsche begrünen die Terrassen und schaffen in den Räumen ein Klima, welches auch ohne Aircondition angenehm ist.

Auch wenn Architekten und Landschaftsplaner in verschiedenen Kulturkreisen und Klimazonen zu unterschiedlichen Lösungen ökologischen nachhaltigen Bauens und Gestaltens gelangen: Die Denkansätze sind zwischenzeitlich im wahrsten Sinne des Wortes global. Unser Blick richtet sich darum in der Ausstellung »Grüne Häuser, tropische Gärten« nach Südostasien, insbesondere auf die sogenannten Pantherstaaten Malaysia und Indonesien, die in den 1980er und 1990er Jahren einen schnellen wirtschaftlichen Aufschwung nahmen. Ausgewählt haben wir für diese Ausstellung drei Positionen nachhaltigen Bauens, Planens, Denkens und Lebens, die exemplarisch und wegweisend für eine Entwicklung sind, die nicht immer einfach zu vertreten oder gar zu realisieren ist: Das Gros der Investoren und Bauherren ist – in Südostasien nicht anders als in Europa – nur schwer zu überzeugen von zukunftsweisenden, oft – aber nicht immer – kostspieligen Lösungen, welche die Bewohner und nicht die Rendite in den Mittelpunkt des gestalterischen Ansatzes stellen.

Der Architekt Ken Yeang, 1948 in Penang/Malaysia geboren, studierte in London und Cambridge und unterhält Büros in Kuala Lumpur und London. Schon in den frühen 1970er Jahren untersuchte er nicht nur traditionelle malaiische Bautypologien, sondern forschte vor allem im Bereich der Öko-Architektur. Er entwickelte Passivhäuser und gilt als Pionier von »bioklimatischen Wolkenkratzern«; eine seiner wegweisendsten Publikationen trägt den Titel »Reinventing the Skyscraper: A Vertical Theory of Urban Design«. Überzeugt davon, dass gerade in Städten weiterhin extrem verdichtet und in die Höhe gebaut werden muss, um der Flächenversiegelung entgegenzuwirken, arbeitet er daran, die Lebensqualität in Hochhäusern zu optimieren: Sie werden nicht nur begrünt, sondern als Niedrig- oder Null-Energiehäuser konzipiert. Umfangreiche Untersuchungen bezüglich des Klimas, der Biodiversität, der Ausrichtung in Hinblick auf Sonnen- und Windeinfall stehen am Anfang des Entwurfsprozesses. In seinen neuesten Projekten strebt er danach,

NG SEKSAN, PJ8, Selangor/Malyasia, 2005–2008

diese »vertikalen Städte« möglichst autark zu gestalten: Energiegewinnung ist dabei ein Thema, Regenwasseraufbereitung, aber auch die Anlage von landwirtschaftlichen Flächen soll zur Selbstversorgung beitragen. Darüber hinaus soll in der Anlage der horizontalen, diagonalen und vertikalen Grünflächen die Biodiversität gewährleistet bleiben. Besonderes Augenmerk legt Ken Yeang auf die Gestaltung: Seiner Meinung nach ist die Investoren-Architektur gerade bei Hochhäusern zu beliebig und einförmig geworden. Er betont die Bedeutung der architektonischen Formensprache, die in großem Maße dazu beiträgt, das Wohnen und Arbeiten in vertikalen Städten mit 15 und mehr Stockwerken lebenswert zu machen.

Während Ken Yeang mit Grundlagenforschung und neuesten Techniken die Bauaufgabe Wolkenkratzer hin zu »grüner«, ökologischer und nachhaltiger Gestaltung entwickelt, arbeitet der renommierte malaiische Landschaftsplaner Ng Seksan in der Fläche. Seksan studierte in Neuseeland, bevor er sich 1994 in Kuala Lumpur selbständig machte und seither zahlreiche private Gärten, Parks und öffentliche Räume gestaltete. Sind seine früheren Planungen für große Büro- oder Wohnanlagen noch stark einem internationalen und zeitgenössischen Stil verbunden, löst er sich nun immer stärker von dem Ansatz, Natur und Landschaft gestalten zu wollen.

Bereits im Sentul West Park in Kuala Lumpur überzeugt der fast unmerkliche Übergang von gestalteten Flächen zu naturbelassenen Bereichen. In seinen derzeitigen Projekten, vor allem in Sekeping Serendah, einem kleinen Ferienresort im Urwald von Rawang im Bundesstaat Selangor, belässt Seksan die Natur möglichst unangetastet; die Eingriffe durch kleine Bauten aus Lehm, aber auch Stahl und Glas hält er so gering wie möglich. Das Leben in und mit der Natur und in der Gemeinschaft ist ihm wichtiger geworden als die Gestaltung von Natur. Ausgehend von traditionellen Lebens- und Bauformen Malaysias und von den politischen, wirtschaftlichen und gesellschaftlichen Entwicklungen geprägt, die er kritisch hinterfragt, findet der erfolgreiche Landschaftsplaner Seksan »zurück zur Natur«.

Die Überzeugung, dass die Gestaltung unserer Umwelt – sei es in Form von Hochhäusern oder von Landschaftsplanung – das Leben der Menschen, deren Denken und Handeln in höchstem Maß beeinflusst, teilen auch die Gründer der Grünen Schule auf Bali/Indonesien. Darum wird hier der schnell wachsende, lokal angebaute Bambus als Baumaterial verwendet. Ausgewählt haben wir dieses Projekt jedoch nicht allein aufgrund der Tatsache, dass ausschließlich mit Naturmaterialien gebaut wird, sondern auch, um auf die zugrunde liegende Philosophie der Schule zu verweisen:

Green School, Bali/Indonesien

Mit deren anthroposophischer Ausrichtung erhalten die Kinder nicht nur eine hervorragende Ausbildung nach internationalen Standards, sie werden auch zu einer Haltung erzogen, die auf der Einheit von Denken und Handeln im Einklang mit der Natur beruht.

So unterschiedlich die Wirkungsweise der Arbeit von Ken Yeang, Ng Seksan und der Grünen Schule auch sein mag, der Ansatz ist doch bei ihnen allen ein ähnlicher: In ganz verschiedenen Kontexten suchen Yeang, Seksan und die Grüne Schule das unmittelbare Lebensumfeld so zu gestalten, dass den Herausforderungen des 21. Jahrhunderts begegnet werden kann – der drohenden Ressourcenknappheit, dem steten Bevölkerungswachstum, der Umweltzerstörung, der zugrunde liegenden Denk- und Lebensweise in einer hochindustrialisierten, von Wachstum und Technologisierung bestimmten, globalisierten Welt. »Green Design« ist mehr als nur die Gestaltung von Häusern und Gärten; »Green Design« ist konsequentes Denken, Gestalten und Erziehen für die Zukunft – in Kuala Lumpur und auf Bali, in Neu-Delhi, Singapur, London, Stuttgart oder Berlin.

Ich danke insbesondere Ken Yeang und Ng Seksan ganz herzlich für die wunderbare Zusammenarbeit. Mein Dank gilt auch Ben Macrory und Miska Lail, die uns mit Materialien und Informationen über die Grüne Schule versorgt haben, den beiden Autorinnen, Lucy Bullivant, London, und Farah Azizan, Kuala Lumpur, für ihre Textbeiträge. Ted Byron Baybutt, Chasing The Bear Limited, London, stellte uns dankenswerterweise den neuen Film über Ken Yeang zu Verfügung. Philippa Walz gebührt unser Dank für die Gestaltung des Katalogs, Ernst J. Wasmuth für die Kooperation bei der Publikation. Ohne das Engagement der Mitarbeiterinnen und Mitarbeiter der ifa-Galerie Stuttgart wären Ausstellung und Katalog nicht realisierbar gewesen; ein herzliches Dankeschön gebührt hier Stefanie Alber, Valérie Hammerbacher, Rainer Koch und Anton Bernd, unseren Praktikant/-innen Laura Cohen, Petra Eisele, Karolin Kruse und Daen Huse sowie dem Aufbauteam mit Armin Subke und Hans Pfrommer. Der Wüstenrot Stiftung danken wir für die großzügige Unterstützung, die uns Konzeption und Durchführung eines umfangreichen Vortrags- und Vermittlungsprogramms ermöglicht. Für die Unterstützung unserer Arbeit durch das Auswärtige Amt im Rahmen Auswärtiger Kultur- und Bildungspolitik danken wir herzlich: Durch die Förderung des Auswärtigen Amtes können die ifa-Galerien Stuttgart und Berlin kontinuierlich zu einem lebendigen, kreativen und nachhaltig wirksamen interkulturellen Dialog beitragen.

KEN YEANG, DiGi Technical Operations Centre, Shah Alam/Malaysia, 2010

Ken Yeang
T. R. Hamzah & Yeang, Kuala Lumpur
Llewelyn Davies Yeang, London

www.trhamzahyeang.com
www.ldavies.com

T. R. Hamzah & Yeang Sdn.Bhd. ist ein internationales Architekturbüro mit Hauptsitz in Kuala Lumpur, Malaysia, welches bekannt ist für innovatives »Green Design«, für Planungen, die ökologisch, bioklimatisch und energieeffizient sind. Das Unternehmen besteht seit drei Jahrzehnten und plant und realisiert Projekte in Europa, den USA und Asien. Tengku Robert Hamzah und Dr. Ken Yeang studierten an der Architectural Association School in London. Ken Yeang promovierte an der Universität Cambridge über ökologische Gestaltung. Das Büro erhielt zahlreiche Auszeichnungen, darunter 1995 den Aga Khan Preis für Architektur und den RAIA International Award in den Jahren 1997 und 1999.

In Großbritannien besitzt die Firma ein Schwesterunternehmen, Llewelyn Davies Yeang, benannt nach ihren Gründern Richard Llewelyn-Davies und John Weeks, die sich 1960 zu einer Büro-Partnerschaft zusammenschlossen. Beide suchten nach Lösungen für komplexe Gebäudetypen und -systeme, insbesondere für Krankenhäuser. 2005, als Ken Yeang als Partner in die Firma eintrat, wechselte die Ausrichtung hin zu nachhaltiger, ökologischer Gestaltung.

Ken Yeang ist weltweit führend im Bereich ökologischen, energieeffizienten Bauens und Gestaltens. Über 200 seiner Projekte wurden realisiert; insbesondere die bioklimatischen Türme, in denen sich High-Tech und organische Prinzipien verbinden, wurden wegweisend. Seine Vision des Bauens vermittelt er durch Lehraufträge und Publikationen.

T. R. Hamzah & Yeang Sdn.Bhd., an international architect firm with its HQ in Kuala Lumpur, Malaysia, is best known for designing innovative "signature green" buildings and ecological, bioclimatic and energy efficient master plans. The firm has been in existence over three decades, working in Europe, USA and Asia. The principals are Tengku Robert Hamzah and Dr. Ken Yeang. Both were educated at the Architectural Association School (London). Ken Yeang subsequently received a doctorate from Cambridge University (UK) in ecological design. The firm has received over 20 awards including the Aga Khan Award for Architecture (1995) and the RAIA International Award in 1997 and 1999.

The firm has a sister company in the UK, Llewelyn Davies Yeang. The original of Llewelyn-Davies Weeks partnership was formed in 1960 by Richard Llewelyn-Davies and John Weeks, both actively engaged in the research of complex building types and systems, hospitals in particular. The addition of Dr. Ken Yeang to the company in July 2005 and the subsequent rebranding of the company to Llewelyn Davies Yeang represents a major step forward in providing clients with "signature green" design and planning solutions.

Ken Yeang is one of the world's leading architects in ecological design. He has completed over 200 built projects, and his "bioclimatic towers" have had an impact around the world, fusing high-tech and organic principles. He has actively disseminated his vision through teaching and publishing.

Publikationen (Auswahl)
Selected Publications

von/*by* Ken Yeang: The Tropical Verandah City (Longman, 1986); Tropical Urban Regionalism (Mimar, 1987); The Architecture of Malaysia 1890–1990 (Pepin Press, 1992); Green Skyscraper: The Basis for Designing Sustainable Intensive Buildings (Prestel, 2000); Reinventing the Skyscaper: A Vertical Theory of Urban Design (Wiley-Academy, 2002); Ecodesign: A Manual For Ecological Design (Wiley, 2006); Ecomasterplanning (Wiley, 2009)

über/*about* Ken Yeang: Leon van Schaik: T. R. Hamzah & Yeang (Master Architect Series, Images, Australia, 1999); Ivor Richards: Groundscrapers and Subscrapers of Hamzah and Yeang (Wiley, 2001); Leon van Schaik: Ecocells, Landscapes and Masterplans by Hamzah & Yeang (Wiley-Academy, 2003); Sara Hart: EcoArchitecture. The Work of Ken Yeang (Wiley, 2011)

SOLARIS

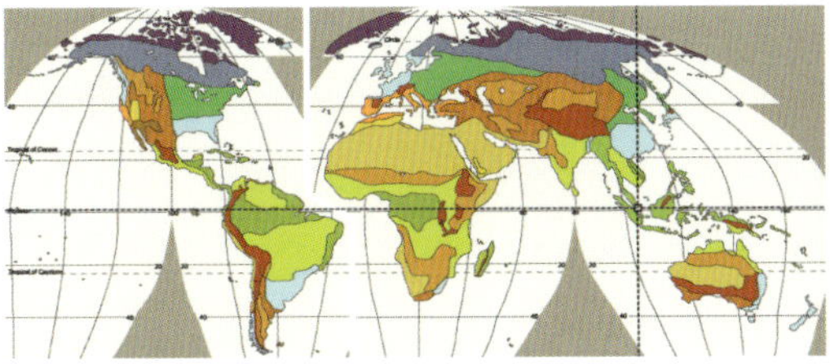

Klimaregion — Climate region

Solaris

Lageplüne — Location & site plans

Singapur / Singapore, 2010

Bruttogeschossfläche: 51.282 m²

Geschosszahl: 15 / 9 + Dachgärten

Grundrisse: vordere Umschlagklappe

GFA: 51.282 m²

No. of storeys: 15/9 + roof gardens

Plans: inside front cover

Solaris Fusionopolis 2B ist ein Vorzeigeprojekt der zweiten Baustufe für Singapur One-North, das auch Fusionopolis genannt wird (Generalplan: Zaha Hadid). Bei dem Projekt handelt es sich um ein nach neuesten technischen und ökologischen Standards errichtetes Büro- und Geschäftshochhaus für gemischte Nutzungen, das der Förderung und Entwicklung von Singapurs Industrieanlagen und Wirtschaftsunternehmen dienen soll. Der Solaris-Turm hat in Singapur das bestmögliche ökologische Gütesiegel für Gebäude erhalten, die »BCA's Green Mark Platinum«, und enthält folgende »hypergrüne« Elemente: einen 1,3 km langen »vertikalen linearen Park« (das heißt eine begrünte Fassade) mit Terrassengärten in den Gebäudeecken; ein natürlich belichtetes und belüftetes zentrales Atrium; einen diagonalen Sonnenlichtschacht als Raumerlebnis; eine Regenwasserwand bis ins Erdgeschoss; ein Auffang- und Nutzungssystem für Regenwasser und Kondenswasser aus der Klimaanlage; Dachgärten; »Ökozellen«, eine Klimafassade mit sensorgesteuertem Sonnenschutz.

Die Kombination all dieser Elemente umfasst über 8000 m² Grünflächen und übererfüllt damit die Anforderungen des Green-Mark-Siegels, was die Schaffung von Ersatzgrünflächen betrifft, die ebenso groß zu sein haben wie die überbauten Flächen, um 113 %. Insgesamt verbraucht das Gebäude über 36 % weniger Energie als vergleichbare Bauten vor Ort und die Hochleistungs-Klimafassade hat einen Wärmeleitwert von nicht einmal 39 W/m².

Solaris Fusionopolis 2B is a flagship project of the second phase of Singapore One-North known as Fusionopolis (based on a master plan by Zaha Hadid). The building is a state-of-the-art, mixed-use office development that reflects an ethos of promoting and developing industrial landscapes in support of Singapore's economic advancement. Solaris has been awarded Singapore's highest green certification, BCA's Green Mark Platinum and includes the following hyper-green design features: a 1.3 km long "Vertical Linear Park" with corner sky terraces; a naturally lit and ventilated central atrium at ground floor; an experiential diagonal solar shaft; a rain-check wall extending to ground floor; a rainwater harvesting system which also collects AC system condensation; roof gardens; "eco-cells"; a climate responsive façade with sun shading.

The combination of features introduces over 8000 m² of landscaping and vegetation and exceeds the Green Mark requirements of replacing the vegetated green area of the site area by 113 %. In total, the building's overall energy consumption represents a reduction of over 36 % compared to local precedents and the high performance façade has an External Thermal Transfer Value (ETTV) of less than 39 W/m².

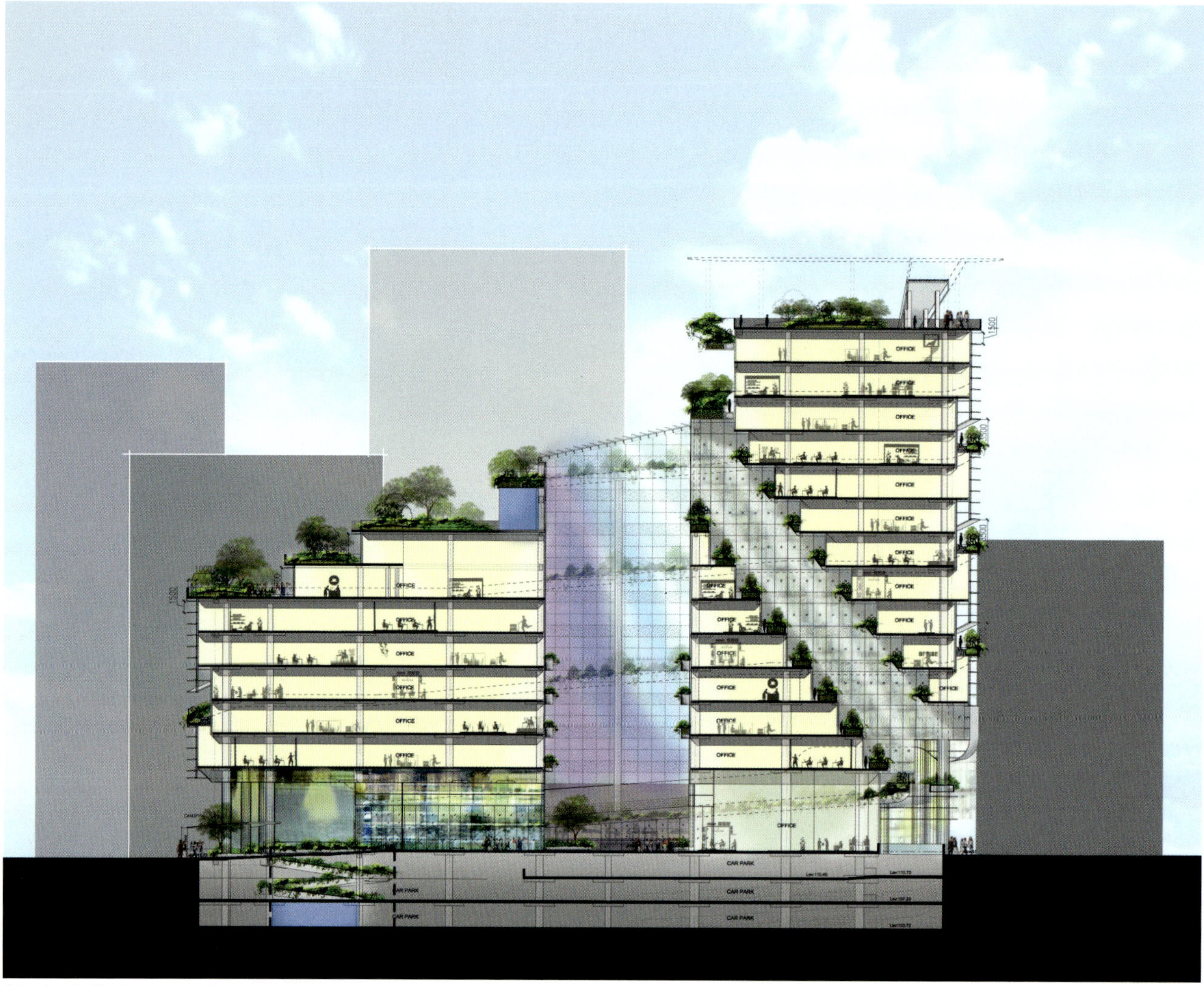

Charakteristika des Eco-Designs
Ecological design features

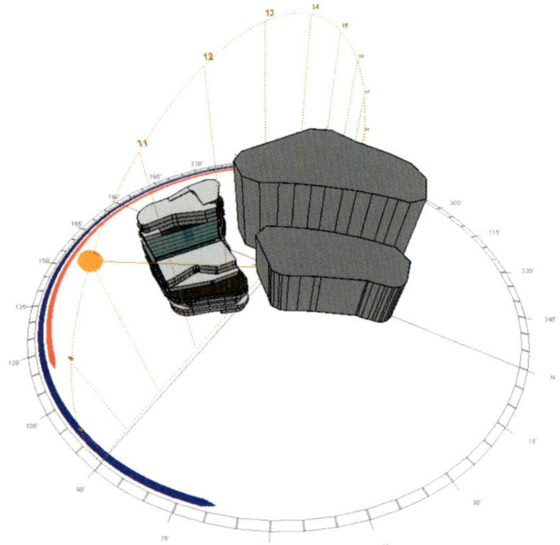

Tageslicht-Studien
Daylight studies

1,5 km lange Rampe
1,5 km continuous ramp

Begrünte Rampe
Vegetated green ramp

Eckbalkone mit Doppelvolumen
Corner skyterraces with double volume

Treffpunkte
Meeting points

Durchgängige grüne Rampe
Continuous green ramp

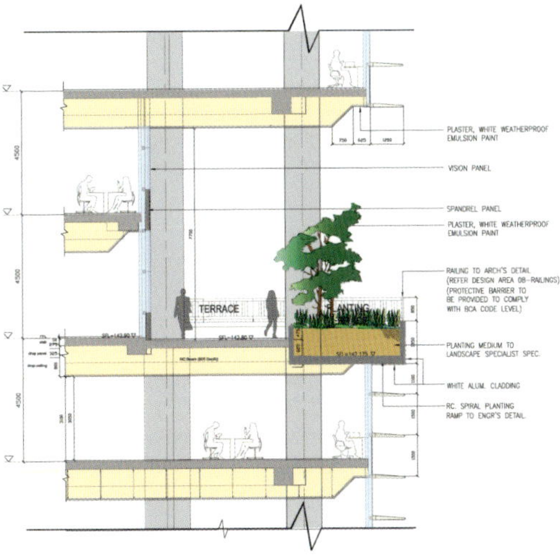

Terrassenschnitt
Skyterrace section

Natürlich belüftetes Atrium
Natural ventilated atrium

Offen – Geschlossen
Open – Closed

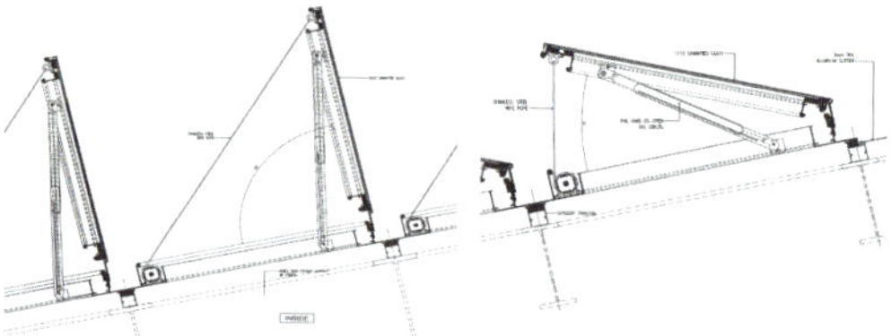

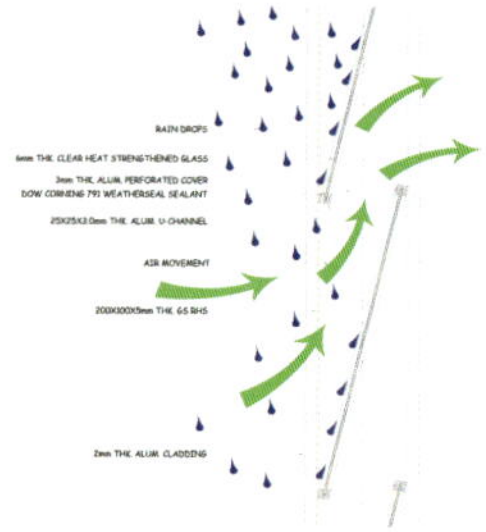

Schema
Schematic drawing

Lichtschacht
Light shaft

Nebeneingang
Secondary entrance

Schnitt
Section

Externer Schattenspender
External sunshading

Dachgarten im 12. Stockwerk — Roof garden level 12

Dachgarten-Sonnendach
Roof garden canopy

Blick auf die Dachgärten
Aerial view of roof gardens

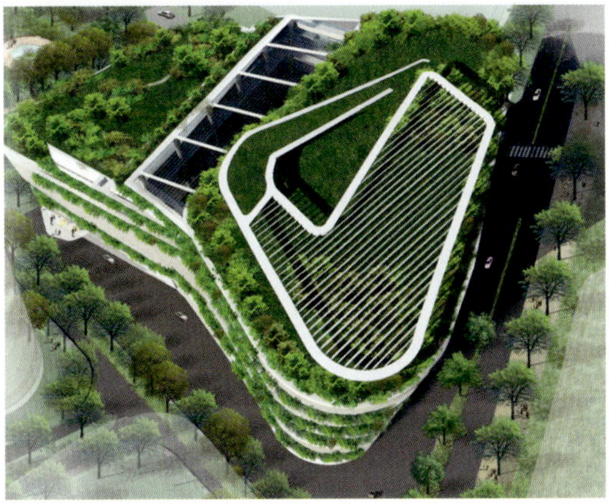

»Grünteppich«
"Green carpet"

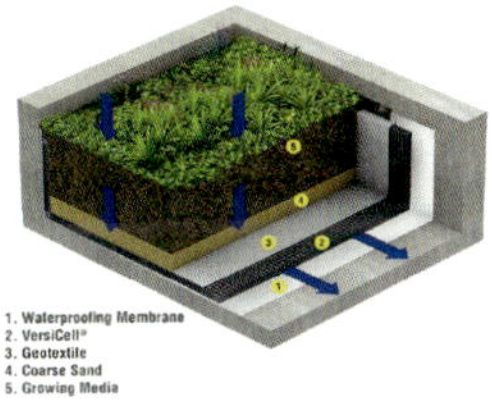

Ökozelle im UG
Eco-cell at basement

Lage der Ökozelle
Eco-cell location

Regenwasserspeicherung
Rainwater harvesting path

Ökozelle Schnitt
Diagrammatic section
through eco-cell

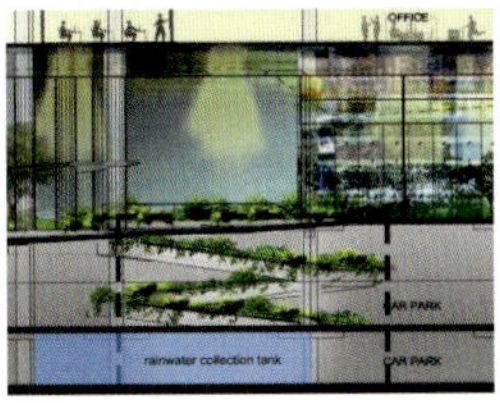

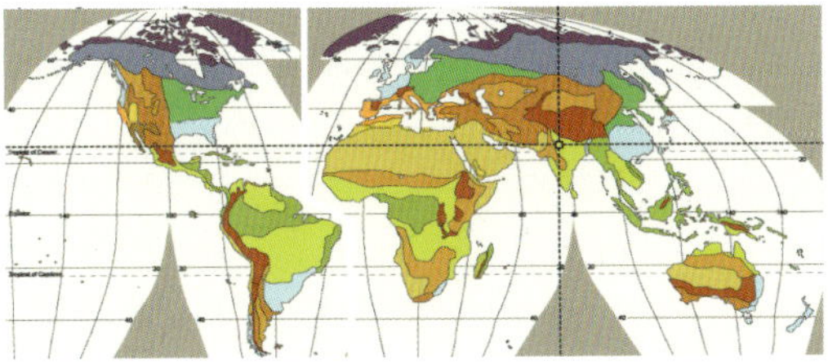

Klimaregion — Climate region

Lageplan — Location plan

Spire Edge

Neu-Delhi, Indien, 2011
Bruttogeschossfläche: 22.559 m^2
Geschosszahl: 20 + Dachgärten
Grundrisse: vordere Umschlagklappe

New Delhi, India, 2011
GFA: 22.559 m^2
No. of storeys: 20 + roof garden
Plans: inside front cover

Bei diesem Projekt handelt es sich um einen bioklimatischen Wolkenkratzer im IT Park Millennium Spire in Manesar bei Gurgaon (Nordindien), der Büros, ein Auditorium, eine Kunstgalerie und andere Einrichtungen beherbergt. Die entscheidenden Gestaltungselemente sind die großflächig begrünten Vorder- und Rückfassaden (»vertikale Gärten«). Eine fortlaufende grüne Rampe führt die Vegetation von der Umgebung und dem Fuß des Hochhauses die Fassaden hinauf, so dass sich der Bau nahtlos in das landschaftlich gestaltete Gewerbeparkgelände einfügt. Zu den wesentlichen Gestaltungselementen zählen: begrünte Innenwände; Sonnenschutzanlagen; Dachgärten; phantasievoll gestaltete Aufenthaltsräume und Terrassen/ Loggien; »Ökozellen«; ein Regenwasserauffangsystem und das Recycling von Schmutzwasser; natürliche Be- und Entlüftung der Hauskerne und Treppenhäuser.

Spire Edge is a bioclimatic skyscraper located in IT Park Millenium Spire Manesar, Gurgaon, India. The project is a commercial development that accommodates offices, an auditorium, a gallery and other facilities. The key design feature of this iconic tower is the extensive green infrastructure placed within both the main and rear façades of the building. This continuous green ramp carries vegetation from the base of the building and the surrounding landscape to the upper levels, linking seamlessly with the surrounding campus landscape. Other key design features include: vegetated green walls; sun-shading devices; roof gardens; creative meeting spaces and sky courts; "eco-cells"; rainwater harvesting and water recycling; natural ventilation of the service cores.

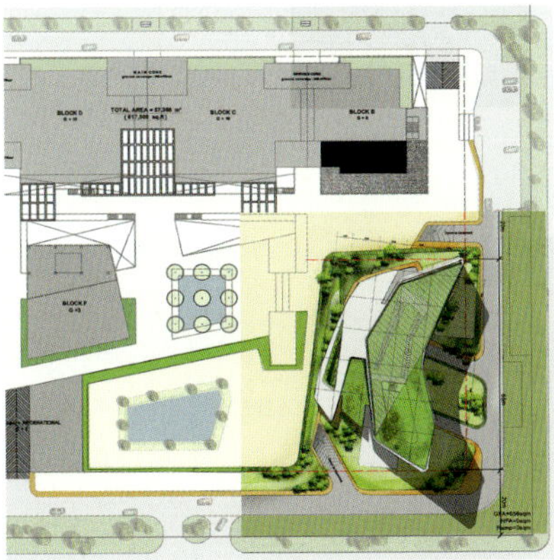

Lageplan — Site plan

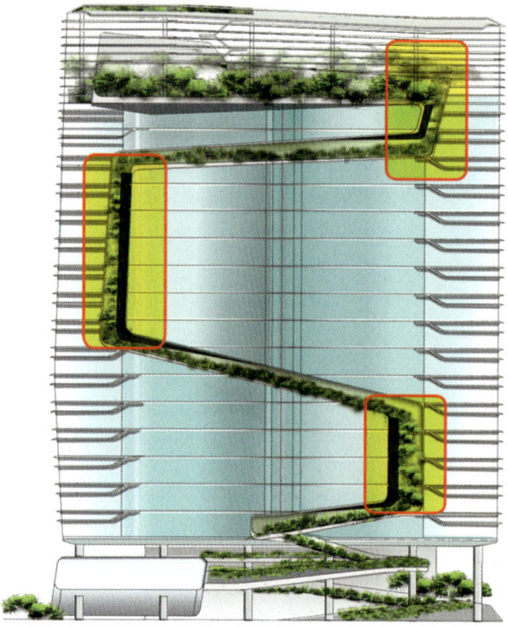

Aufriss mit Grünflächenwand
North elevation with green wall

Grünflächen als Bindeglied der Geschosse
Green link concept

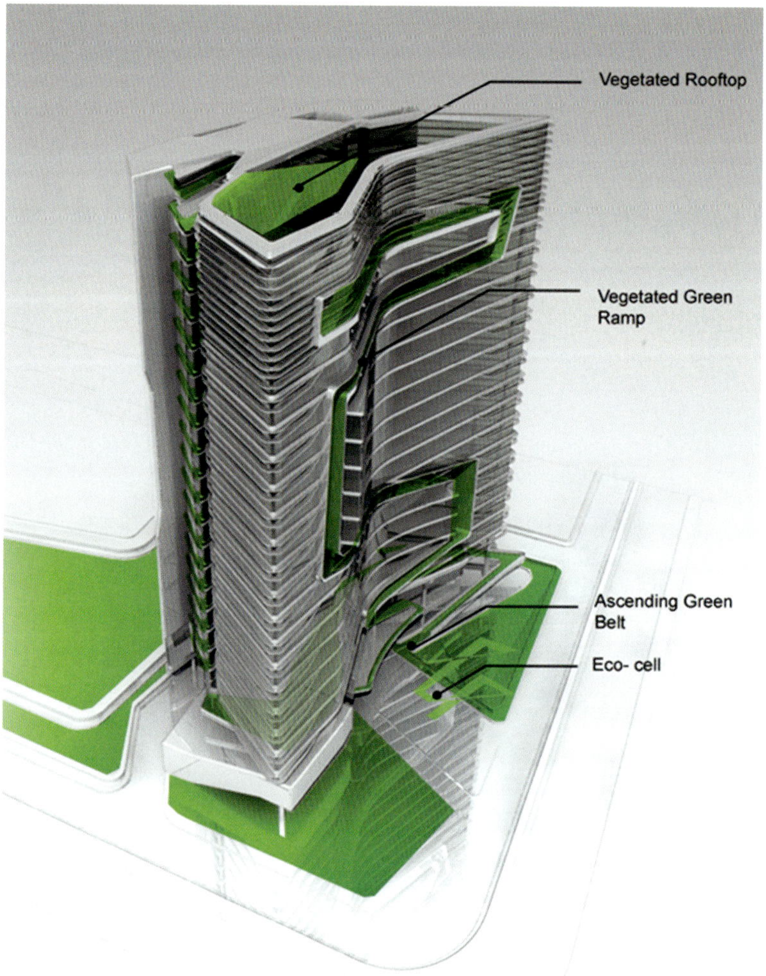

Schnitt
Section

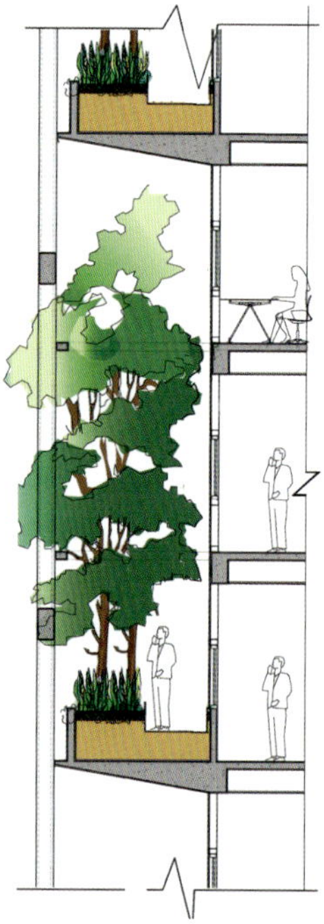

Perspektivische Ansicht — Perspective view

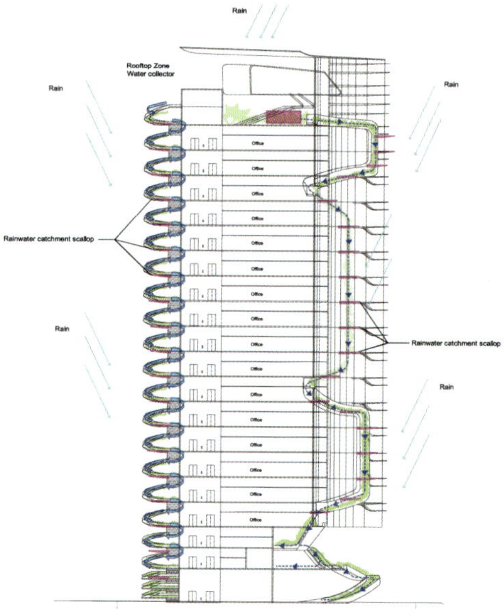

Regenwassersammelsystem
Short section with rainwater harvesting system

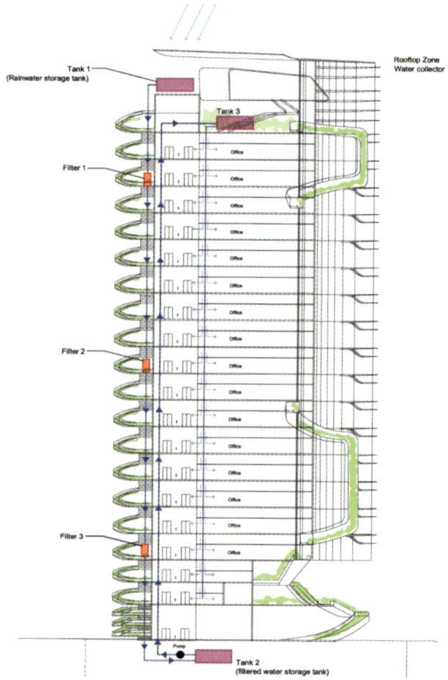

Diagramm Wasserspeicher
Water tank diagram

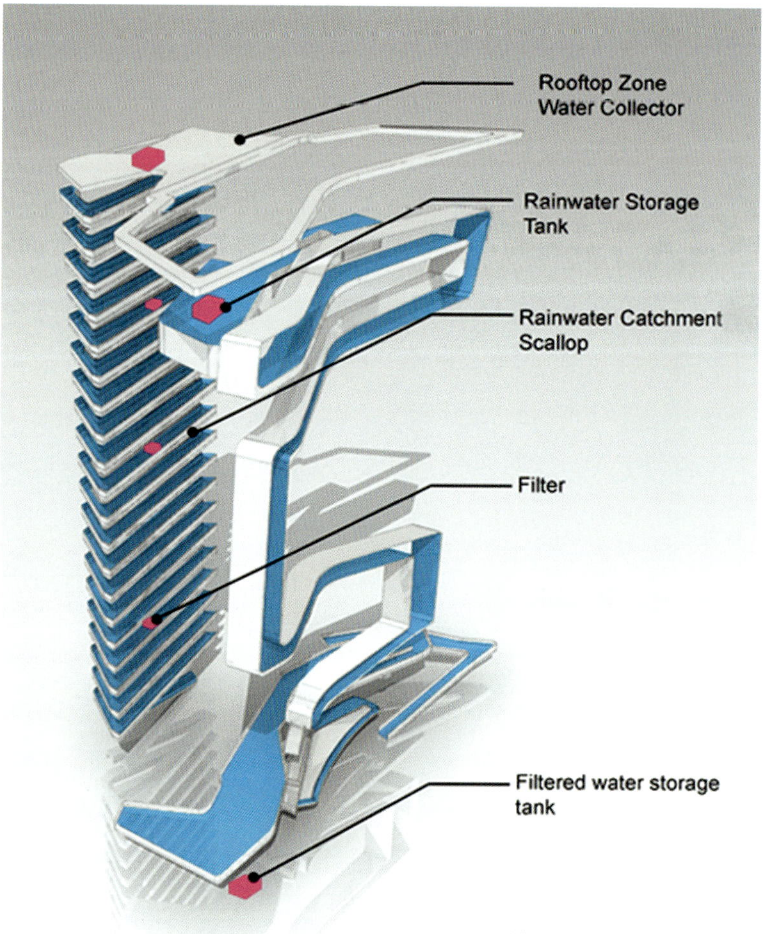

Wassermanagement
Water management concept

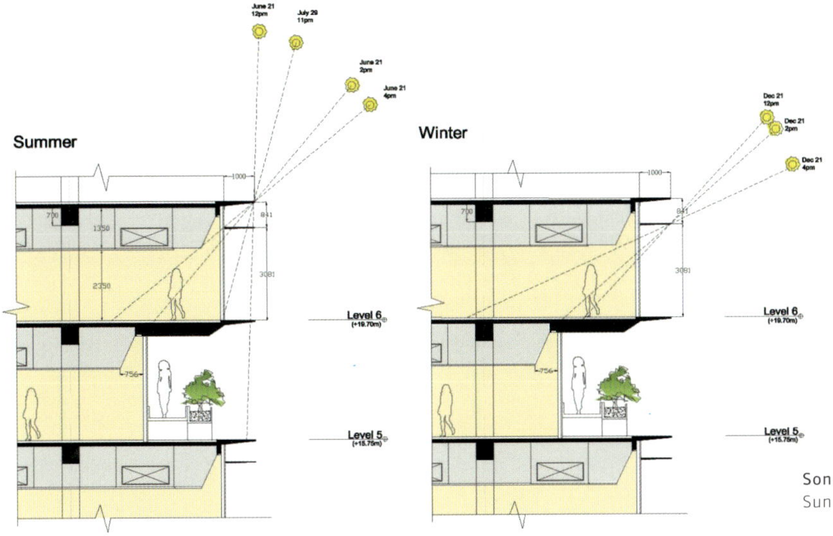

Schnitt mit Verschattung
Section with external sundshading

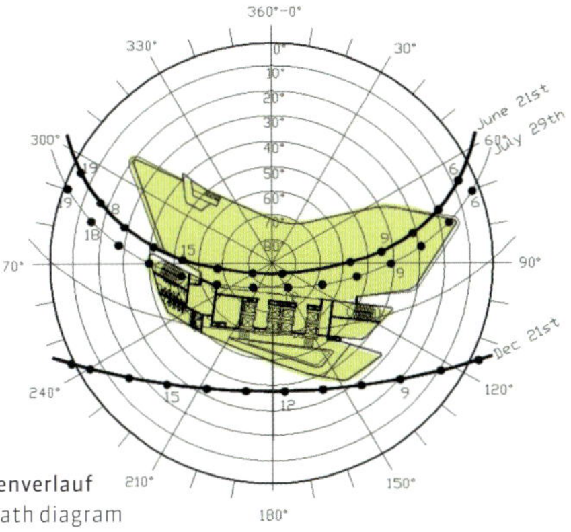

Sonnenverlauf
Sun path diagram

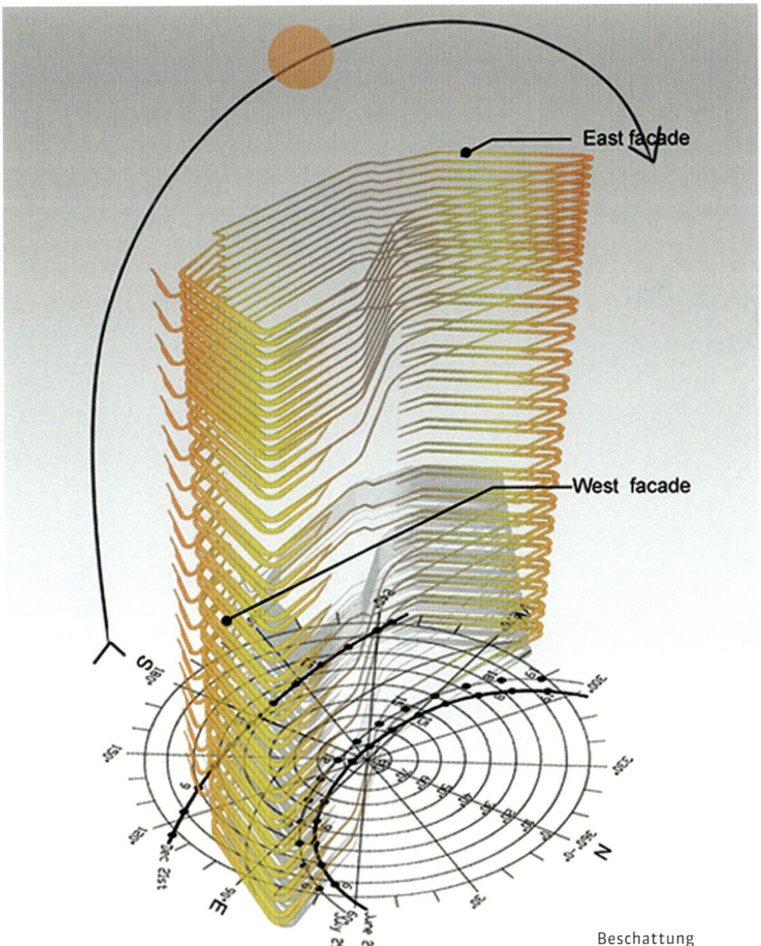

Beschattung
Sunshading strategy

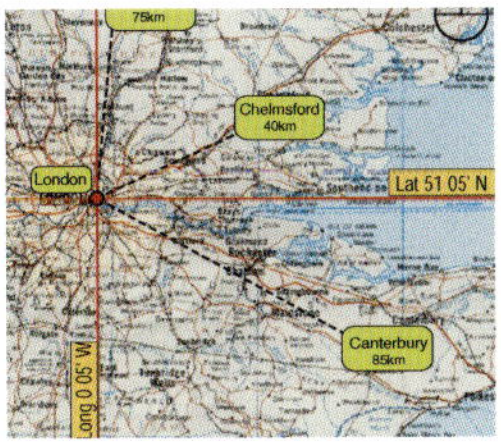

Klimaregion — Climate region

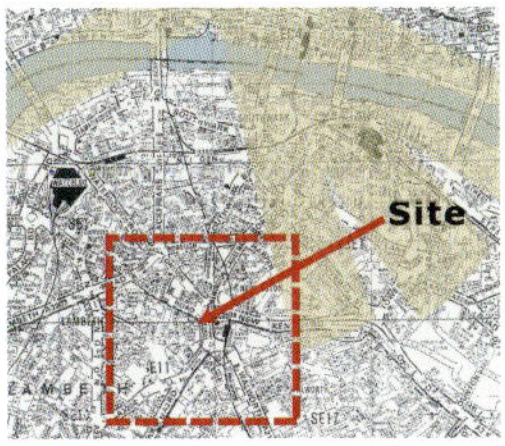

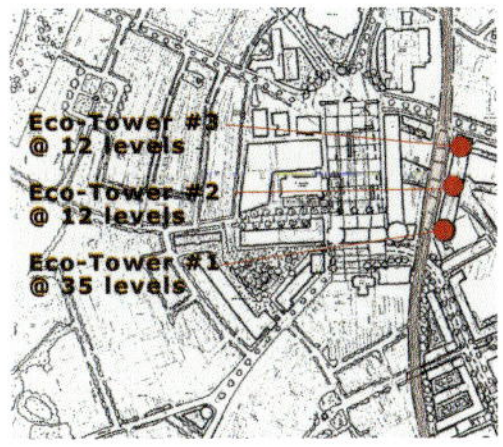

Lagepläne — Location & site plans

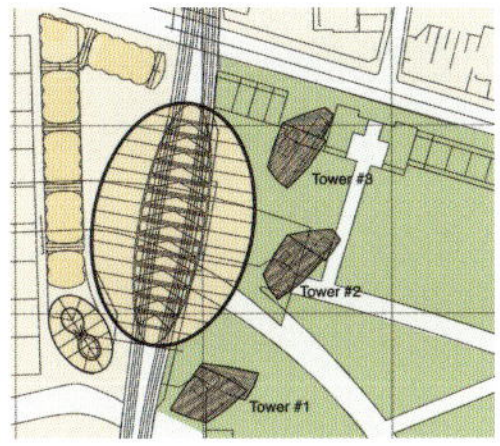

Elephant & Castle Eco-Towers

London, Großbritannien, 2000
Bruttogeschossfläche: 25.669 m2
Geschosszahl: Tower 1: 35
Tower 2 und 3: 12
London, Great Britain, 2000
GFA: 25.669 m2
No. of storeys: Tower 1: 35
Tower 2 and 3: 12

Diese nach ökologischen Kriterien geplanten Hochhäuser in London – im Bereich des Verkehrsknotenpunkts Elephant and Castle – sind Teil des Stadtsanierungsprojekts südlich der Londoner City. Das Baugelände wird von dem neuen Umsteigebahnhof zweigeteilt. Die eine Hälfte wird von Foster & Partners bebaut, die andere von T. R. Hamzah & Yeang, HTA Architects und Benoy Limited. Der Auftrag an Letztere umfasste den Entwurf von drei Öko-Hochhäusern mit Wohnungen, Läden und anderen kommerziell genutzten Flächen in den Erdgeschossen. Das Entwurfskonzept hieß »City in the Sky«. In den oberen Geschossen wurden demnach grüne Zonen geschaffen, die es sonst nur am Boden gibt, so dass die Gebäude alle Elemente einer typischen Stadt enthalten: Grünflächen, Läden, Vergnügungsstätten, Gemeinschaftszentren und Wohnungen. Zu den ökologischen Hauptmerkmalen der Hochhäuser zählen: vertikale Grünflächen; öffentliche Terrassen und Grünkapseln; Geschossgärten als Windschutzbarrieren; optimierte passive Heiz- und Kühlenergiesysteme und diesbezüglich eine optimale Ausrichtung.

The Elephant and Castle Eco-Tower is part of a regeneration project located in South Central London. A new railway interchange divides the site in two. The left hand side of the railway track was developed by Foster & Partners and the right hand side by T. R. Hamzah & Yeang, HTA Architects and Benoy Limited. The brief calls for the design of three Eco-Towers for residential use with retail and commercial area below. Addressing a "City-in-the-Sky" concept, the design recreates conditions on the ground in the sky, in which the eco-tower contains within itself the inherent elements of a city block such as parks, shops, entertainment centres, community facilities and housing. The project includes the following key features: vertical landscaping strategies; communal sky courts and pods; sky parks as wind buffers; maximising the usage of passive-mode systems; optimal orientation.

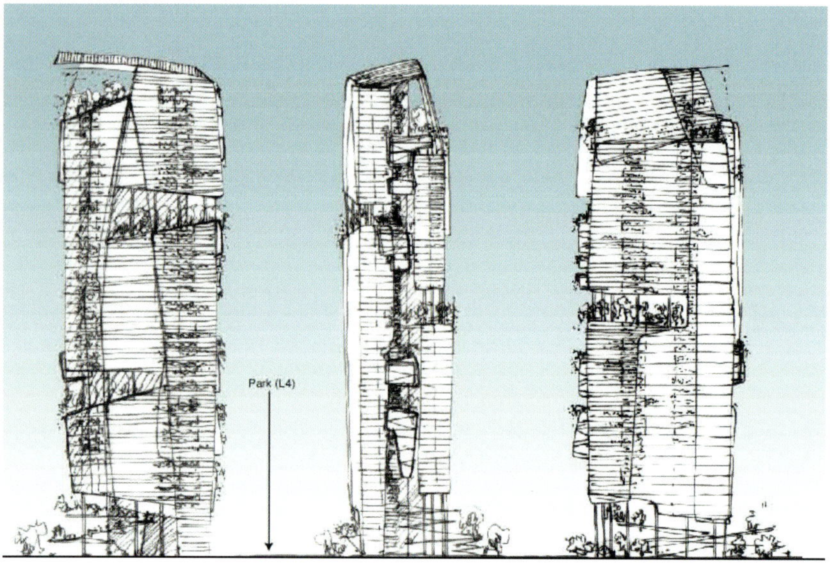
Park (L4)

Schnitt
Section

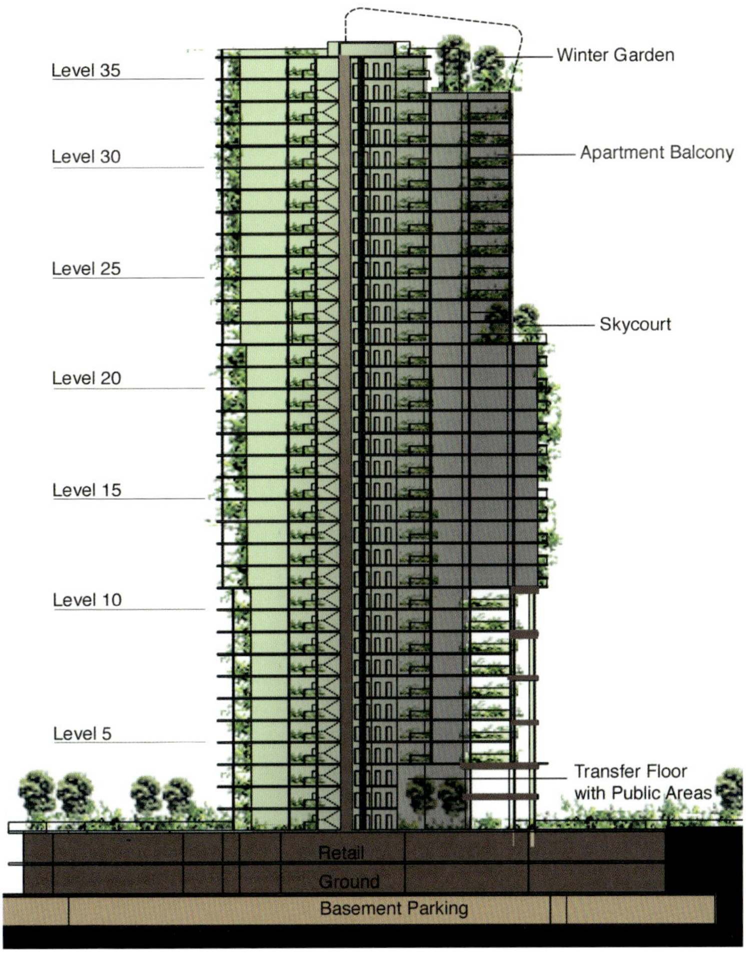

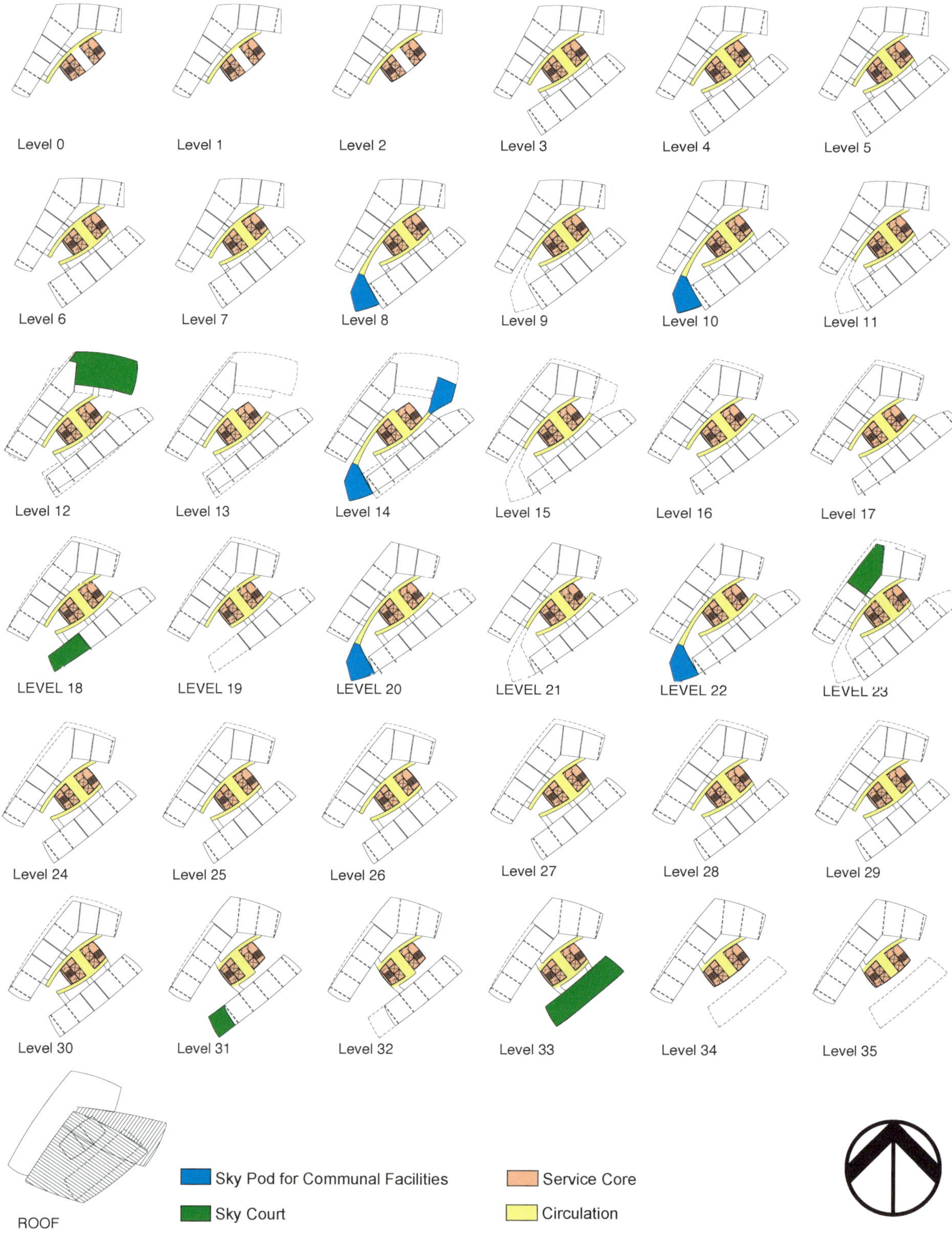
Level 0
Level 1
Level 2
Level 3
Level 4
Level 5
Level 6
Level 7
Level 8
Level 9
Level 10
Level 11
Level 12
Level 13
Level 14
Level 15
Level 16
Level 17
LEVEL 18
LEVEL 19
LEVEL 20
LEVEL 21
LEVEL 22
LEVEL 23
Level 24
Level 25
Level 26
Level 27
Level 28
Level 29
Level 30
Level 31
Level 32
Level 33
Level 34
Level 35
ROOF
Sky Pod for Communal Facilities
Sky Court
Service Core
Circulation

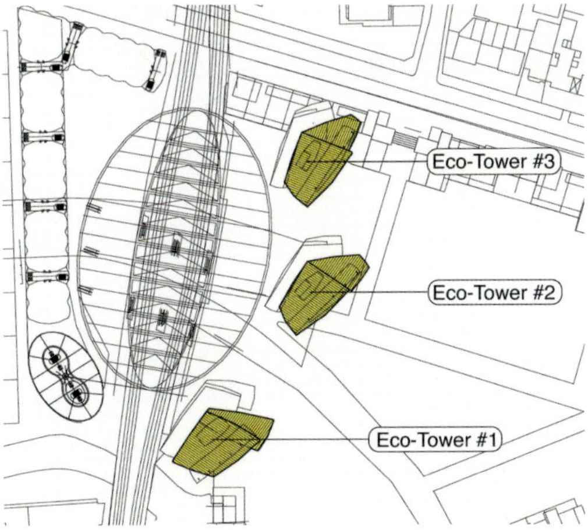

Lageplan
Site plan

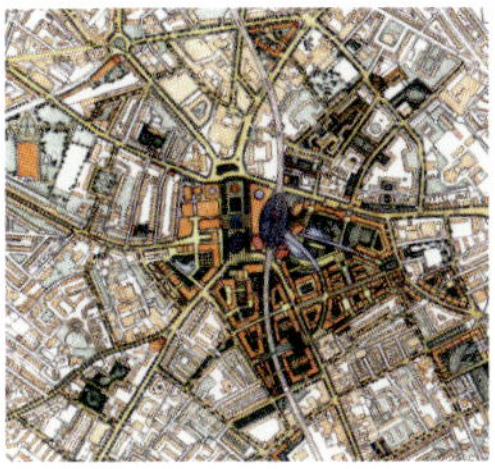

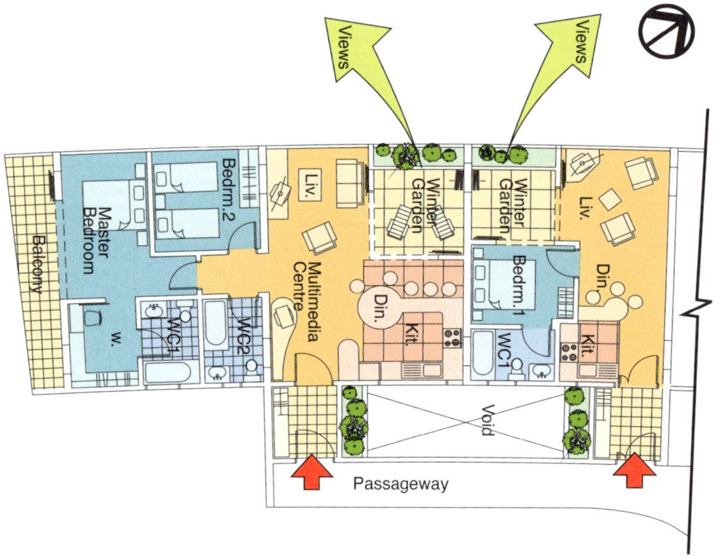
Views
Views
Balcony
Master Bedroom
Bedrm.2
Liv.
Winter Garden
Winter Garden
Liv.
Multimedia Centre
Din.
Kit.
Bedrm.1
Din.
W.
WC1
WC2
WC1
Kit.
Void
Passageway

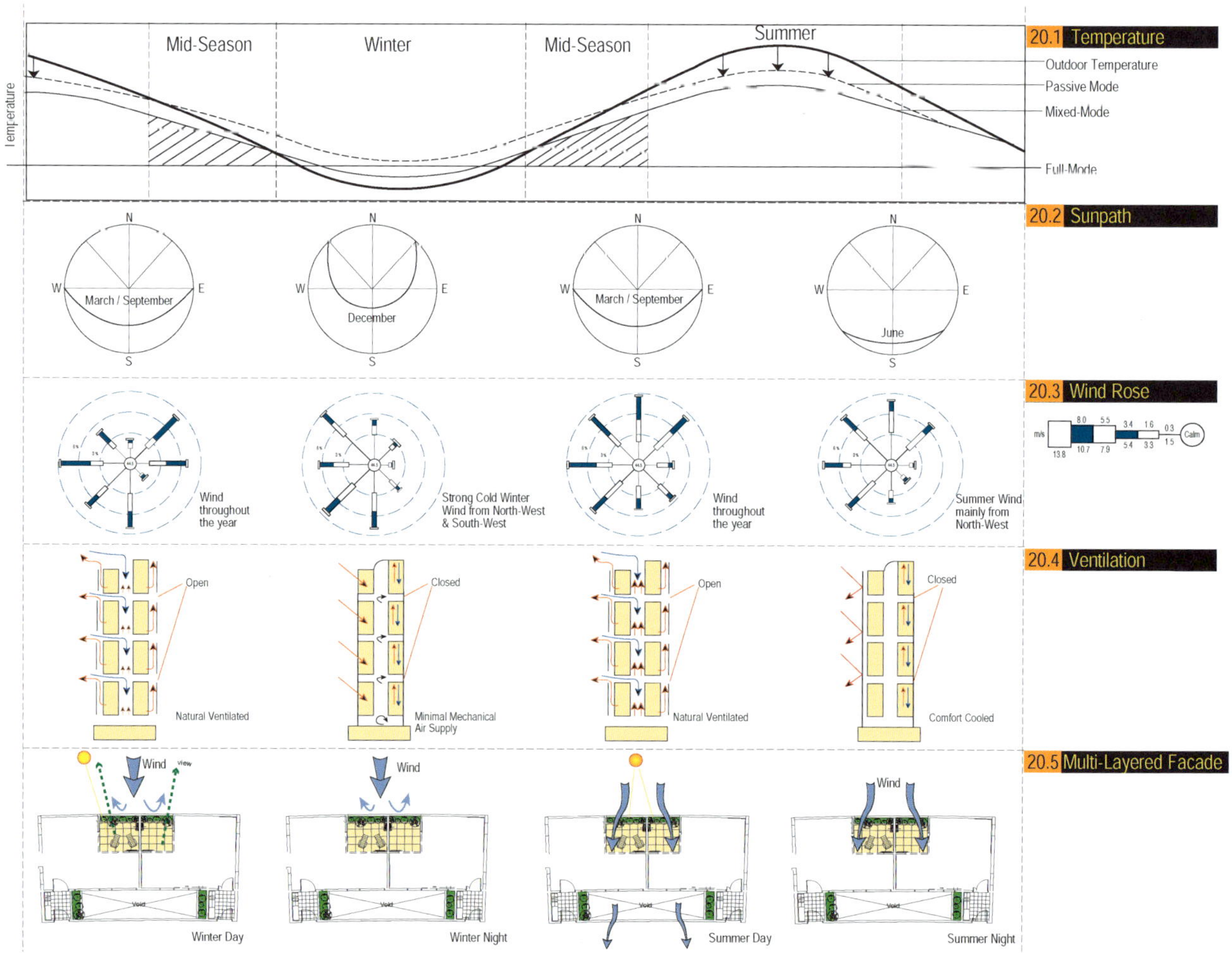
20.1 Temperature
Mid-Season
Winter
Mid-Season
Summer
Temperature
Outdoor Temperature
Passive Mode
Mixed-Mode
Full-Mode
20.2 Sunpath
N
W
E
S
March / September
December
March / September
June
20.3 Wind Rose
m/s
8.0 5.5 3.4 1.6 0.3
13.8 10.7 7.9 5.4 3.3 1.5
Calm
Wind throughout the year
Strong Cold Winter Wind from North-West & South-West
Wind throughout the year
Summer Wind mainly from North-West
20.4 Ventilation
Open
Natural Ventilated
Closed
Minimal Mechanical Air Supply
Open
Natural Ventilated
Closed
Comfort Cooled
20.5 Multi-Layered Facade
Wind
view
Wind
Wind
Winter Day
Winter Night
Summer Day
Summer Night

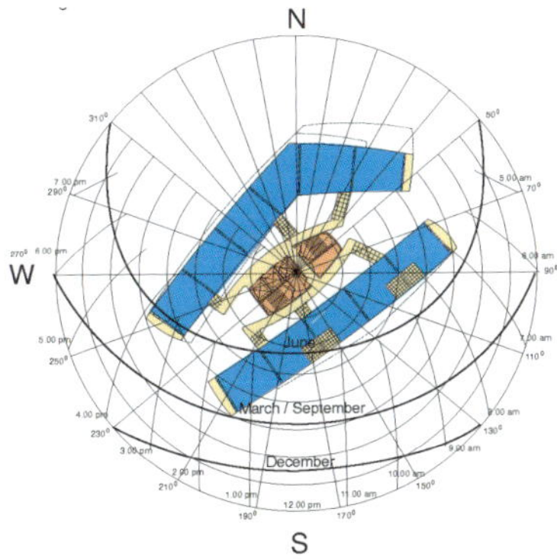

Sunpath Of Site

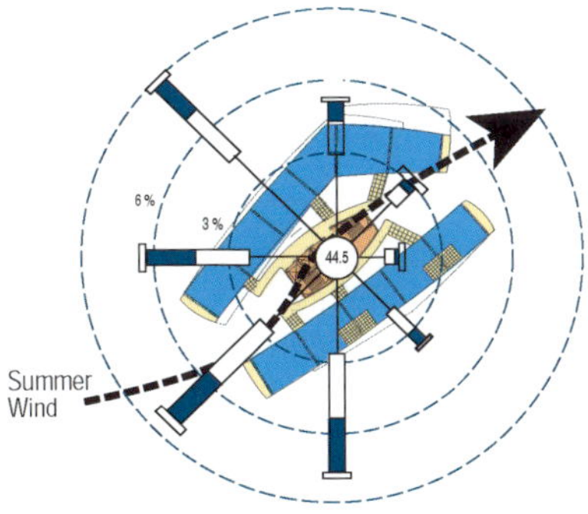

Summer Windrose

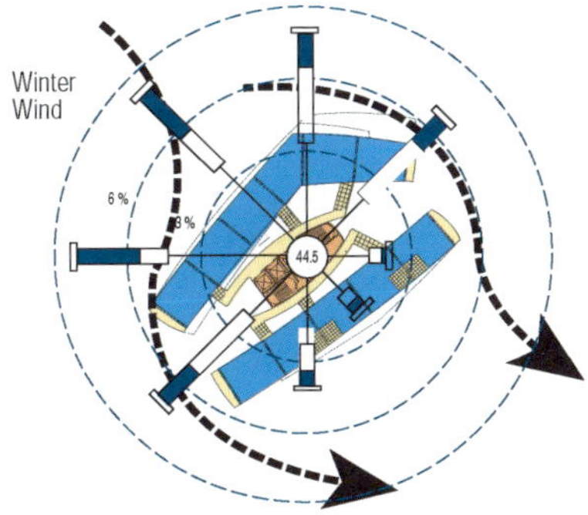

Winter Windrose

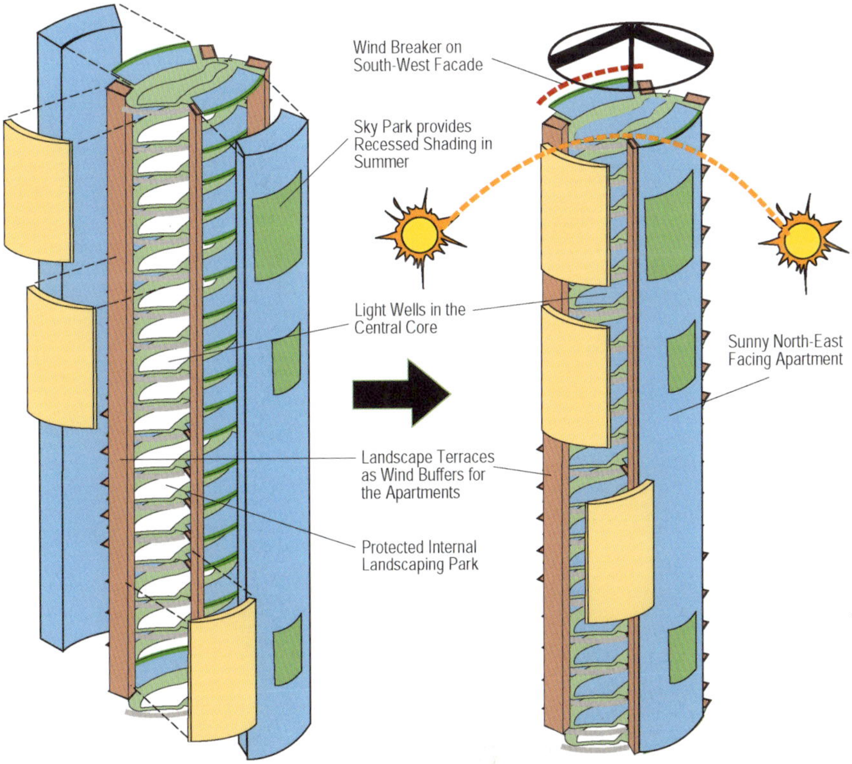

Building Configuration

Composite of Buffer

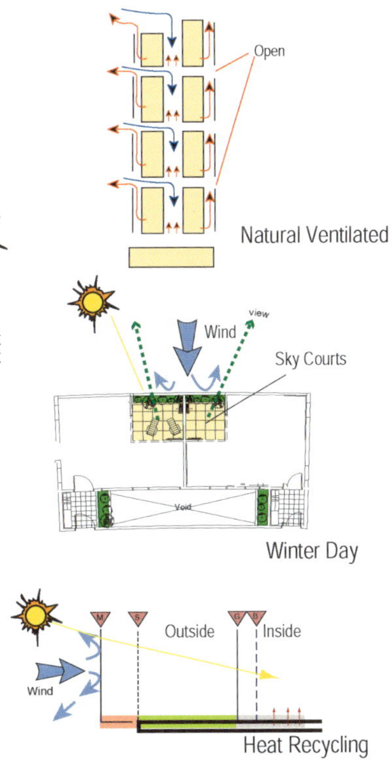

Mixed-Mode System

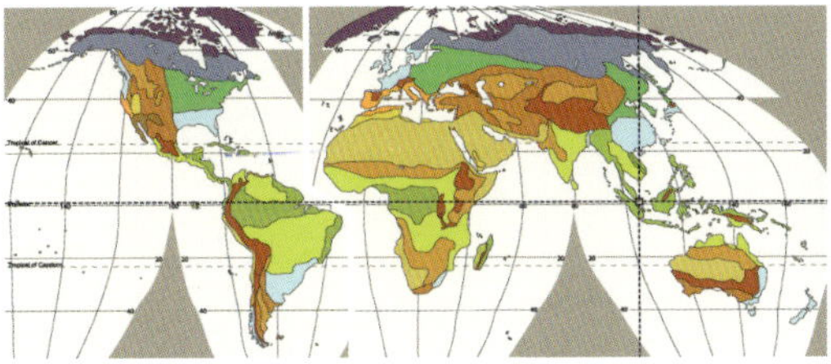

Klimaregion — Climate region

Lagepläne — Location & site plans

National Library

Singapur/Singapore, 2005
Bruttogeschossfläche: 59.030 m²
Geschosszahl: 16 + 3 Tiefgeschosse
Grundrisse: hintere Umschlagklappe
GFA: 59.030 m²
No. of storeys: 16 + 3 basements
Plans: inside back cover

Die Nationalbibliothek in der Victoria Street von Singapur ist ein nach neuesten technischen Standards errichtetes Hochhaus, das eine Landmarke dieses Stadtstaates und des Stadtzentrums darstellt. Die Planungsvorgaben des Bauherrn bildeten die Basis für den Entwurf eines leistungsfähigen kosteneffizienten Gebäudes, das den Menschen in Singapur als einzigartiges Kultur- und Bildungszentrum zur Verfügung steht. Das Hochhaus hat aufgrund seiner passiven Solarenergienutzung in einer tropischen Klimazone mehrere Auszeichnungen erhalten, darunter das höchste Gütesiegel, das Singapur vergibt (BCA's Green Mark Platinum). Zu den wichtigsten Erfolgsfaktoren gehören: der offene ebenerdige Hofplatz, in dem mittels Verdunstungskühlung stets ein angenehm temperiertes Klima herrscht; der niedrige Energieverbrauch (durch passive Gewinnung von Solarenergie und Nutzung verschiedener Energieversorgungssysteme); Terrassengärten; Klimafassaden (mit sensorgesteuerten Außenjalousien); Analyse der grauen Energie (17GJ/m²); ökologisch unbedenkliche Materialien.

Die Kombination all dieser Elemente und Verfahren ergab über 6.300 m² »grüner« Räume im Gebäude sowie einen jährlichen Energieverbrauch von etwa 185 KWh/m² und damit weniger als bei den typischen Hochhäusern von Singapur, die pro Jahr 230 KWh/m² benötigen.

The National Library of Singapore, located on Victoria Street in Singapore, is a state-of-the-art high-rise library that serves as an icon for the region and its locality. A set of planning principles by the client forms the basis of design for a high performance and cost efficient building while providing a unique and enjoyable civic centre for Singapore. The project has received several awards including Singapore's highest green certification, BCA's Green Mark Platinum, for its efforts in passive mode strategies in a low energy, tropic environment. Key design features that contributed to its success include: an open air ground floor plaza that cools by evaporative cooling and forms internal pedestrian streets for cultural events; low energy design (passive mode, mixed mode and full mode strategies); garden skycourts; climatic responsive sunshades; embodied energy analysis (17GJ/m²); green materials specifications.

The combination of features result in over 6,300m² of "green space" and an energy consumption rate of around 185 KWH/m²/annum, which is less than typical commercial office towers (230 KWH/m²/annum) in Singapore.

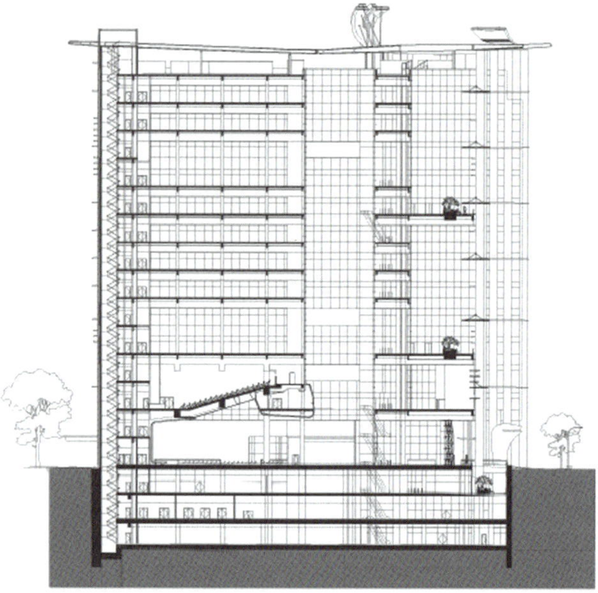

Schnitt
Section A-A

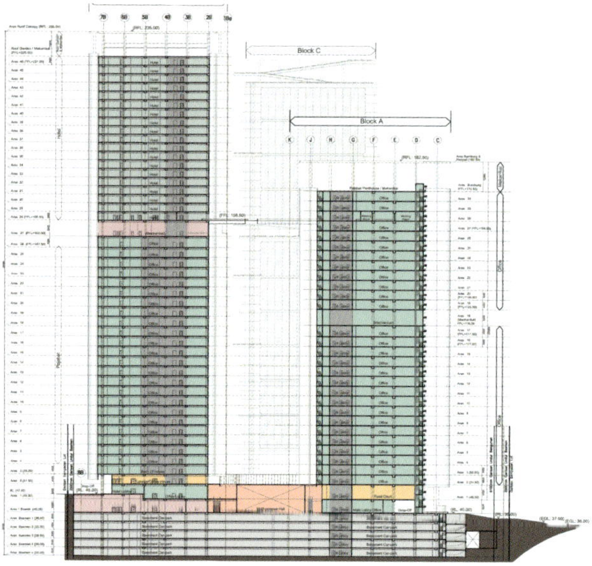

Schnitt
Section B-B

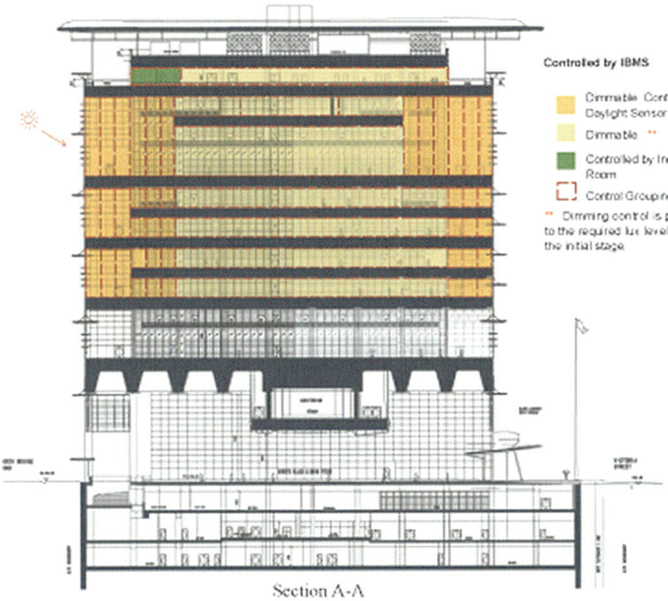
Controlled by IBMS
Dimmable. Controlled by Daylight Sensor
Dimmable **
Controlled by Individual Room
Control Grouping
** Dimming control is preset to the required lux level at the initial stage.

Section A-A

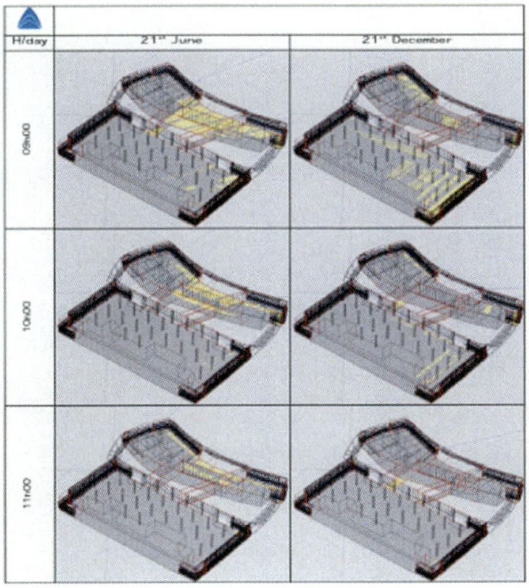
H/day
21st June
21st December
09:00
10:00
11:00

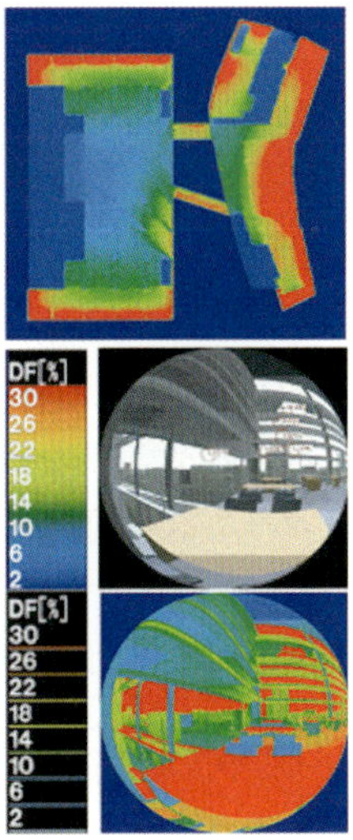
DF[%]
30
26
22
18
14
10
6
2
DF[%]
30
26
22
18
14
10
6
2

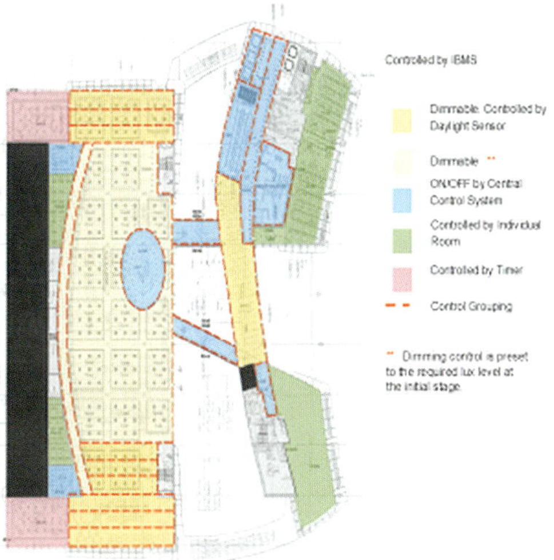
Controlled by IBMS
Dimmable. Controlled by Daylight Sensor
Dimmable **
ON/OFF by Central Control System
Controlled by Individual Room
Controlled by Timer
Control Grouping
** Dimming control is preset to the required lux level at the initial stage.

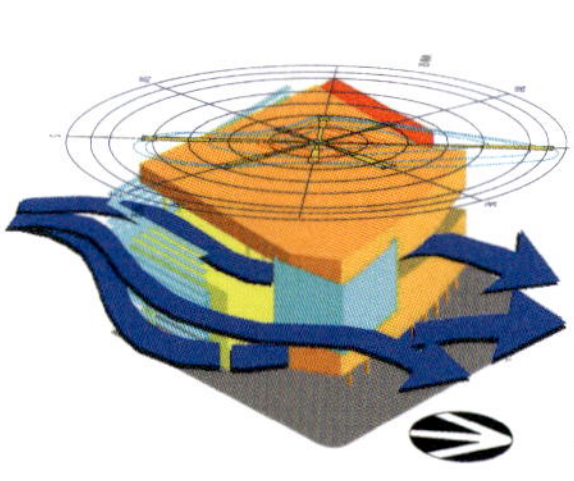

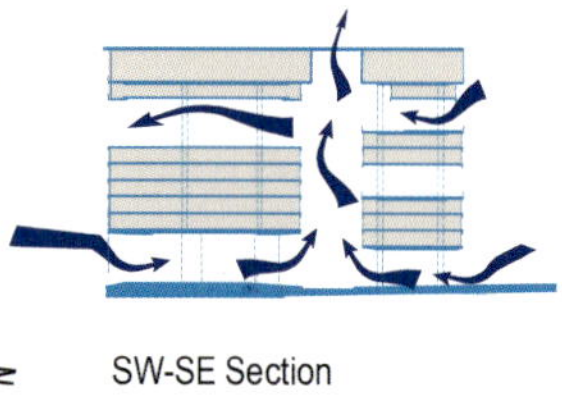
SW-SE Section

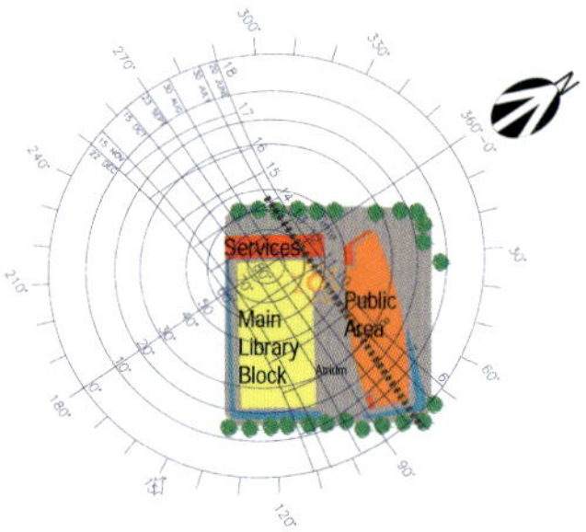
Services
Main Library Block
Public Area

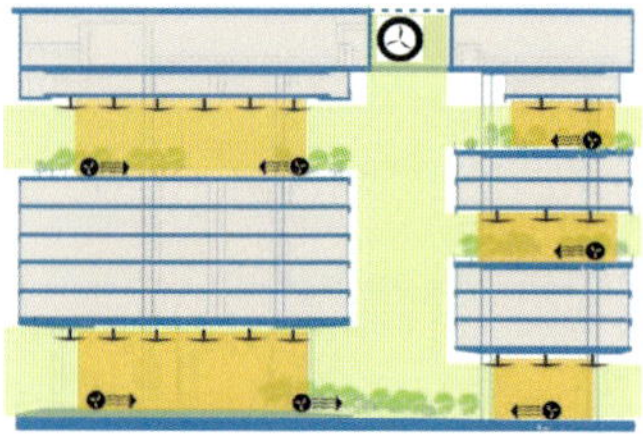

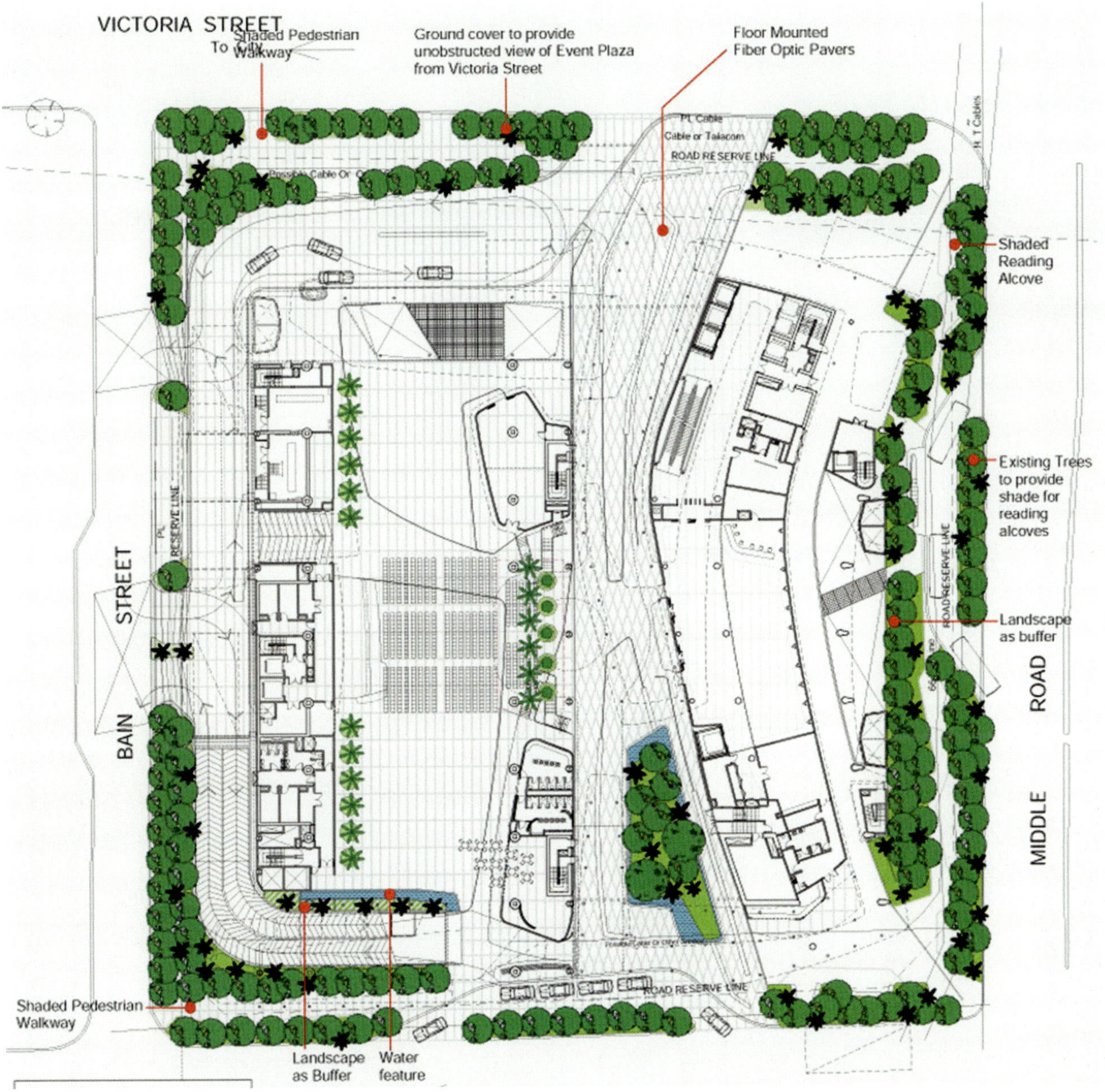
VICTORIA STREET
To City
Shaded Pedestrian Walkway
Ground cover to provide unobstructed view of Event Plaza from Victoria Street
Floor Mounted Fiber Optic Pavers
PL Cable
ROAD RESERVE LINE
Shaded Reading Alcove
Existing Trees to provide shade for reading alcoves
Landscape as buffer
MIDDLE ROAD
BAIN STREET
ROAD RESERVE LINE
Shaded Pedestrian Walkway
Landscape as Buffer
Water feature

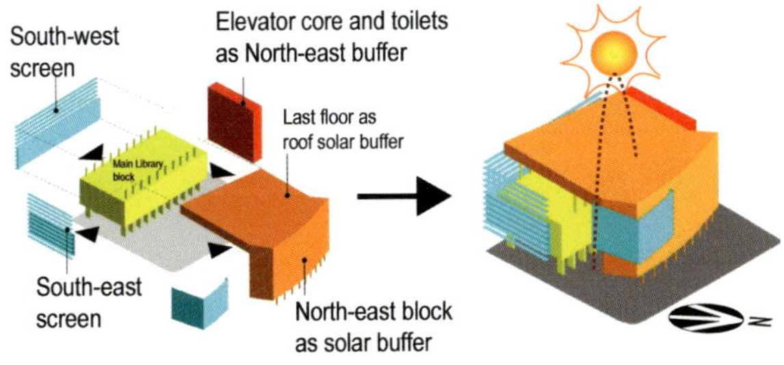
South-west screen
Elevator core and toilets as North-east buffer
Last floor as roof solar buffer
Main Library block
South-east screen
North-east block as solar buffer
N

CENTRE

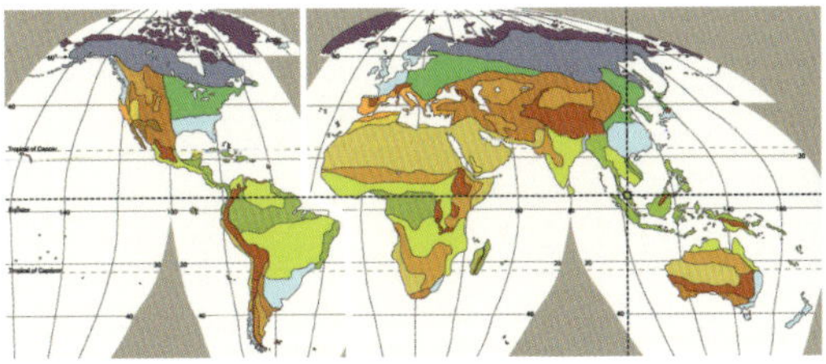

Klimaregion — Climate region

Lagepläne — Location & site plans

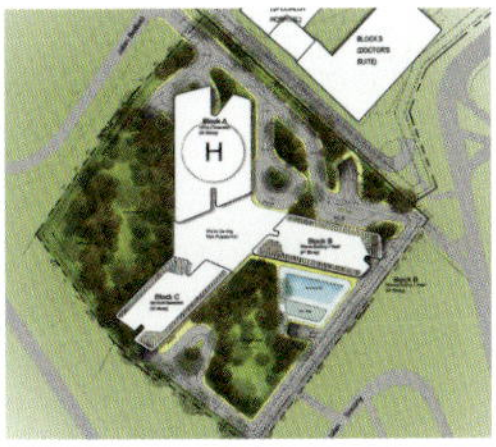

L Tower

Kuala Lumpur, Malaysia, 2015
Bruttogeschossfläche: 146.750 m2
Geschosszahl:
Block A: 47 / Block B: 47 / Block C: 31
Grundrisse: hintere Umschlagklappe
GFA: 146.750 m2
No. of storeys:
Block A: 47 / Block B: 47 / Block C: 31
Plans: inside back cover

Der L Tower am Rand von Kuala Lumpurs Hauptgeschäftsviertel ist der jüngste Prototyp eines innovativen, umfassend umweltschonenden und energiesparenden Gebäudekomplexes für gemischte Nutzungen, darunter Büros, ein Hotel, Appartements, Restaurants und ein Kongresszentrum. Mit einem begrünten Sockelgeschoss, Gartenterrassen auf verschiedenen Etagen und Dachgärten hat diese dynamische Mischung verschiedener Räumlichkeiten einen verbesserten »ökologischen Fußabdruck« als andere Bauten. Der Komplex weist unter anderen die folgenden »grünen« Merkmale auf: einen interaktiven dreidimensionalen Park; üppig begrünte Etagenterrassen; Panoramasicht; Brückenverbindungen zwischen den drei Türmen; »Ökozellen«; Rieselfeld-Kläranlage; Regenwasserauffangsysteme.

Der Komplex wurde nach den neuesten Kriterien für nachhaltiges Bauen und modernste Umwelttechnik geplant. Er bietet ein besseres Raumklima und verursacht erheblich weniger Energie- und Betriebskosten als vergleichbare konventionelle Gebäude. Ursprünglich untersuchte Yeang mit dem Entwurf für den L Tower das Potential für innerstädtische Nahrungsproduktion: In den Gebäuden sollten sich über 40 Stockwerke ziehende Wände als landwirtschaftliche Flächen genutzt werden. Bei vertikalen, auf Hydrokultur mit entsprechenden Nährstoffen basierenden Ackerflächen könnte sogar beim Anbau von Getreide auf Erde verzichtet und so eine innerstädtische vertikale Landwirtschaft geschaffen werden.

Situated on the edge of Kuala Lumpur's commercial district, L Tower is the latest prototype of a deep-green ecological building design represented as an innovative mixed-use development that includes offices, a hotel, service apartments, a collection of vibrant food & beverage outlets and a convention centre. This dynamic mix of spaces is interwoven within an expanded ecological footprint of podium and high-rise greenery, landscaped terraces and roof gardens. The building has the following green design features: interactive, three-dimensional park; extensively landscaped green terraces; panoramic skyline views; public skybridges connecting the three towers; "eco-cells"; bioswales; rainwater harvesting.

The development has been designed in accordance with the latest principals of sustainable building design and green technology, enhancing air quality and significantly reducing both energy consumption and operating expenses. Originally, Yeang was examining the potential for urban food production in L Tower: The buildings should contain 40-storey food production walls. Using hydroponics, a method by which crops can be grown in nutrient-filled pods without conventional soil, the building should have become something of an inner city vertical farm.

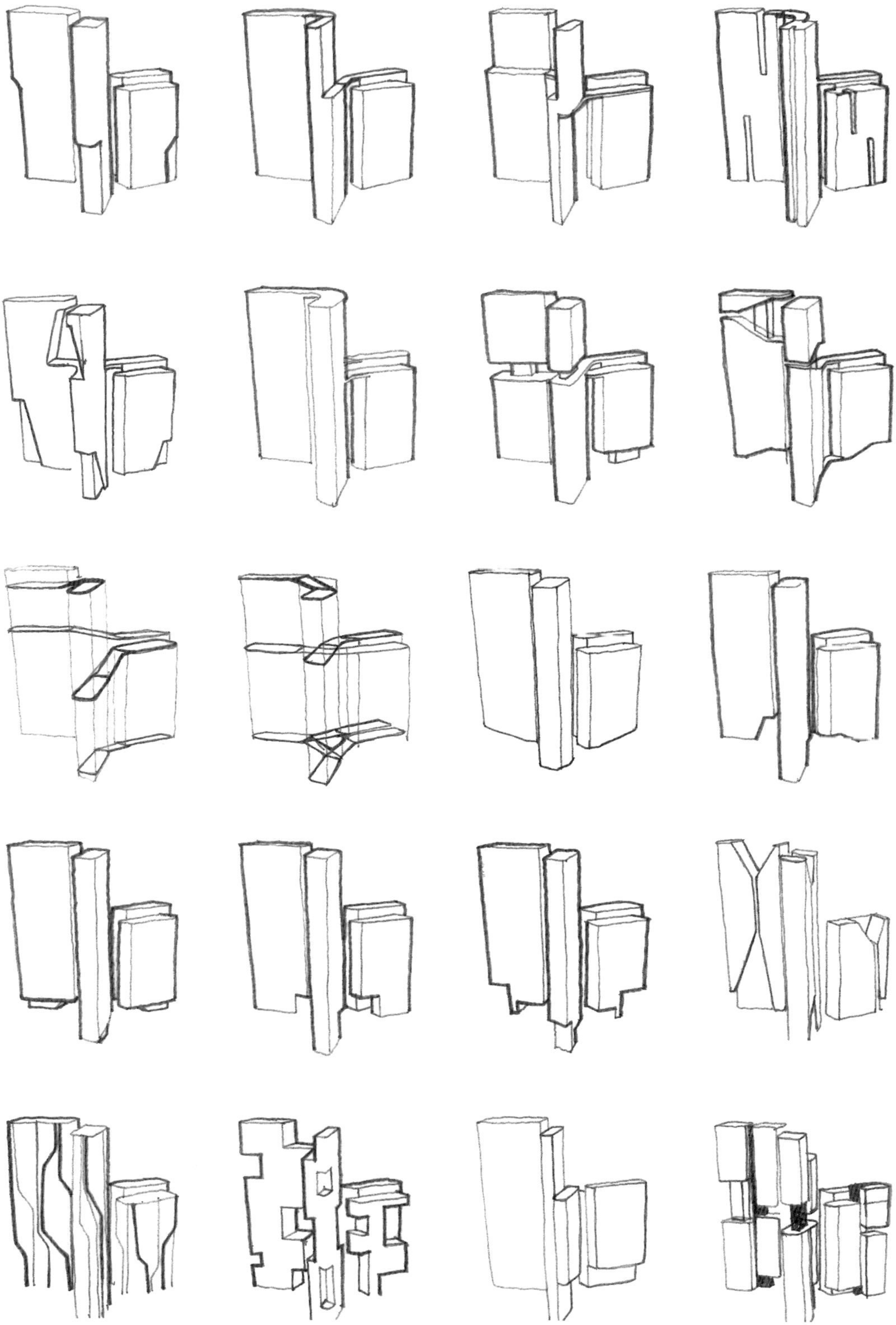

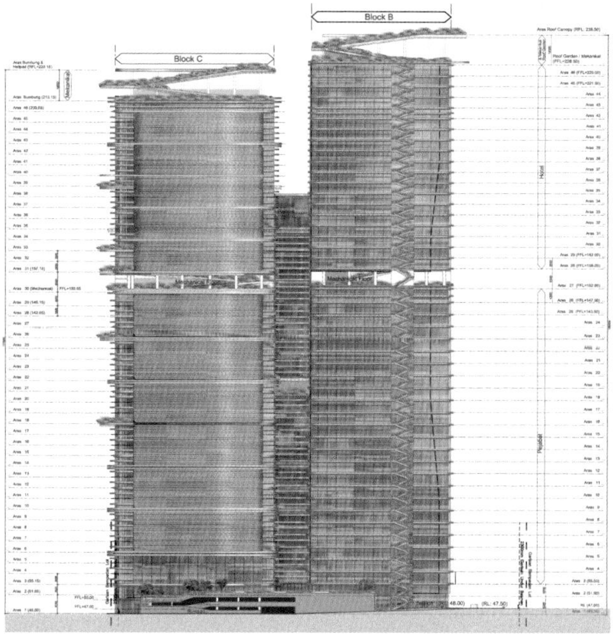
Block B
Block C

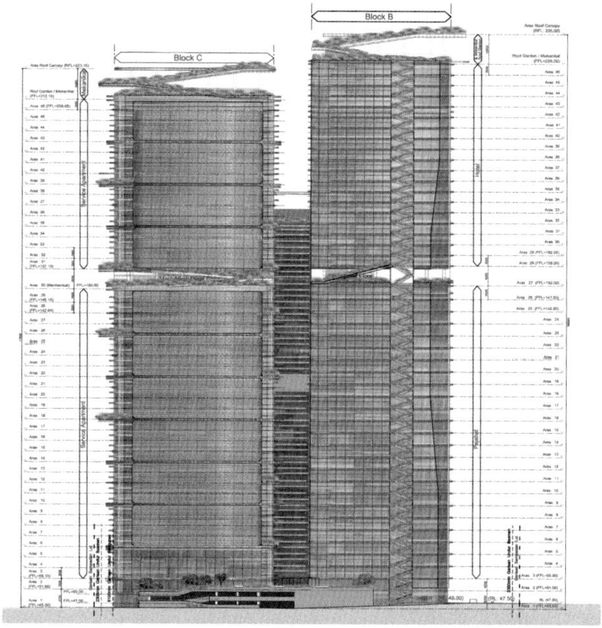
Block B
Block C

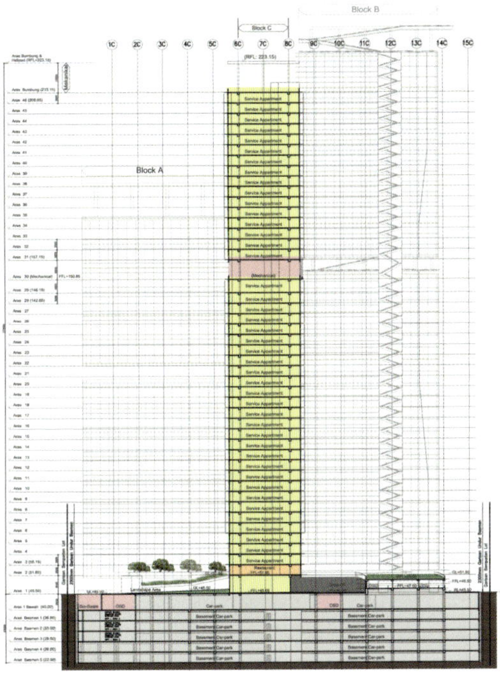
Block B
Block C
Block A

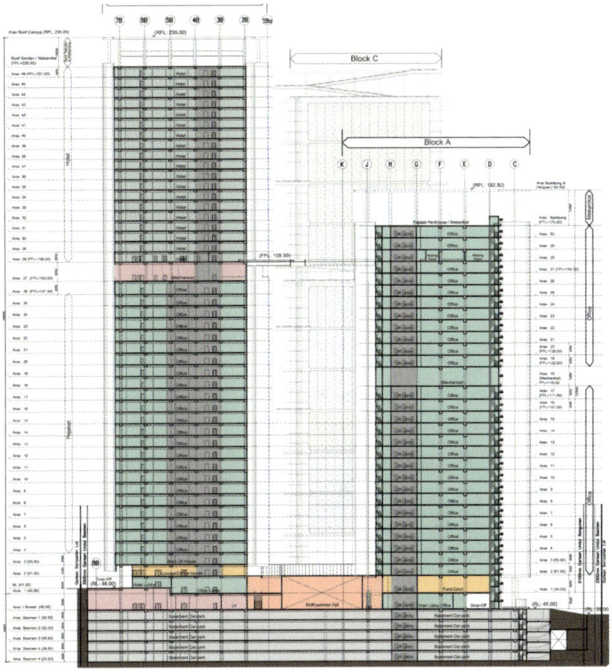
Block C
Block A

Blick auf das Podium
Podium view

Blick in den Innenhof
Atrium view

EDITT Tower, Singapore, 1998

LUCY BULLIVANT

Ken Yeang
Ein grüner Architekt

Wie das Global Humanitarian Forum in seinem 2009 in Genf veröffentlichten Bericht »The Anatomy of a Silent Crisis« feststellte, hat sich in vielen Ländern die Erkenntnis, dass der Klimawandel eine entscheidende Herausforderung darstellt, die es anzupacken gilt, nur langsam durchgesetzt. In der von Kofi Annan, dem Vorsitzenden des Forums, verfassten Einführung heißt es: »In Industrieländern gilt der Klimawandel immer noch als rein ökologisches Problem. Er wird als eine Bedrohung in weiter Ferne aufgefasst, die eventuell unsere Zukunft betreffen könnte. Ein Standpunkt, der mit Bildern von Gletschern und Eisbären – und nicht von Menschen – untermauert wird.«

Mit seinen Bauten hat der malaiische Architekt Ken Yeang in der umweltgerechten Architektur einen neuen Ansatz eingeführt, und zwar im Hinblick auf den größtmöglichen Komfort von Gebäuden für Bewohner und Nutzer. Er plant Städte und Bauten als künstliche Ökosysteme und achtet dabei auf deren nahtlose umweltgerechte Integration in ihre natürlichen Umgebungen, was seine Arbeiten von denen anderer »grüner« Architekten unterscheidet. Für Yeang liegt die Wurzel aller umweltschädigenden Übel in der Tatsache, dass es bisher nicht gelungen ist, Gebäude auf klimaneutrale Weise in den jeweiligen natürlichen Kontext einzufügen.

Seit fast vierzig Jahren belegen auch Yeangs zahlreiche Bücher und Vorträge sein Engagement für umweltgerechte Bauprojekte. Beständig initiierte er Innovationen für eine ökologische, bioklimatische und energieeffiziente Architektur und schuf umweltfreundliche gebaute Formen. Nach den Prinzipien des klimaschonenden Bauens und der passiven Energiegewinnung errichtet er angenehme, sozial ansprechende »gebaute Umwelten«, welche die angrenzenden Ökosysteme minimal stören und das fragile ökologische Gleichgewicht erhalten. Oft entwirft er Wohn- und Bürohäuser mit begrünten Wänden und vertikalen Gärten, um die Luftqualität in deren unmittelbarer Umgebung zu verbessern und für den Erhalt der Biodiversität zu sorgen.

Grüne Architektur nimmt verschiedene Formen an, aber Yeangs Ansatz ist in jedem Fall authentisch und erkennbar. Seine Art der Gestaltung erwächst aus seinen Überzeugungen und dem Einsatz neuartiger technischer Komponenten, mit denen er seine Ideen stets in einem zyklischen Forschungs- und Entwicklungsprozess in gebaute Form umsetzt. Die vielen Bauten, die er in 35 Jahren in über zwanzig

Ländern realisiert hat, boten ihm Gelegenheit, eigene ökologische Bautypen zu erfinden: den bioklimatischen, das heißt auf klimatische Veränderungen reagierenden Wolkenkratzer; die grüne Infrastruktur, die in Form einer Brücke oder Unterführung die Verbindung zur Landschaft aufrechterhält; verschiedene Formen der Begrünung von Gebäudehüllen; »Grünzellen« in unteren Geschossen und andere ökologische Bauelemente.

Die Ausformung eines Gebäudes als Architekturlandschaft, als horizontales und vertikales Grünsystem ist das innovative Hauptmerkmal von Ken Yeangs Schaffen. Er selbst vergleicht seine Verbundsysteme von Architektur und Natur mit Prothesen und sieht die Natur und die Erde mit ihren Ökosystemen als den organischen Träger und Körper der gebauten Umwelt, die es physisch, systematisch und zeitlich befristet in die Natur zu integrieren gilt.

Die Errichtung hoch entwickelter »grüner« Bauten ist ein Unterfangen, das über die stillschweigenden Konventionen und Simulationsstudien der üblichen architektonischen Praxis hinausgeht. Das wachsende Umweltbewusstsein der Konsumenten hat auf die Architektur übergegriffen und findet hier Ausdruck in immer mehr Gebäuden, die mit Nachhaltigkeitskriterien geplant werden. Dennoch hat das in vielen, kulturell unterschiedlich geprägten Ländern wachsende Angebot von Recyclingmaßnahmen für Abfall- und Baustoffe noch nicht zu entsprechenden Innovationen im Bereich der ökologischen Bauplanung geführt. Für Ken Yeang bedeutet dies, auf positive, restaurative Planung zu setzen und so den Ökosystemen zu dienen. Mit seinem Fokus auf Energieeinsparung, Umweltfreundlichkeit und grüne Infrastrukturen setzt er sich vom Mainstream der gegenwärtigen Architekturpraxis ab.

Nach dem Studium an der Architectural Association (AA) in London (1966–1969) studierte Yeang ökologische Bodennutzung unter Professor Ian McHarg, dem Lehrstuhlinhaber für Landschaftsarchitektur an der University of Pennsylvania. An der Universität Cambridge schrieb er seine Doktorarbeit über ökologische Bauplanung (sein Doktorvater war der Architekt John Fraser) und befasste sich zusätzlich unter anderem mit Umweltbiologie, die zum Hauptthema seines architektonischen Schaffens werden sollte. 1974 kehrte Yeang nach Kuala Lumpur zurück, baute zunächst kleinere Firmengebäude und ab 1979 große Wohnbauten und Hochhäuser. 1975 gründete er die Architektengemeinschaft mit Tengku Robert Hamzah, einem ehemaligen Kommilitonen von der AA.

Chongqing Tower, Chongqing/China

Trotz des Ende der 1960er Jahre wachsenden Umweltbewusstseins interessierte sich zu dieser Zeit noch kaum jemand für umweltgerechtes Bauen und praktisch niemand für die Frage, ob und wie die Architektur der Umweltverschmutzung entgegenwirken könnte. Obwohl die Vertreter des kritischen Regionalismus' in den 1970er Jahren eine phänomenologische Herangehensweise an den Gebäudestandort verfolgten, stand »grüne Architektur« für die meisten Architekten nicht auf ihrer Agenda. Ihre Kollegen in Asien dagegen waren entschlossen, eine neue kulturelle Identität ihrer Bauten zu entwickeln, und Hamzah und Yeang suchten nach Mitteln und Wegen, diese durch umweltgerechte Baugestaltung zu realisieren. Sie waren sich bewusst, dass ihnen dies nicht in vollem Umfang gelingen würde, waren aber überzeugt, zumindest ein konzeptuelles Gerüst schaffen zu können, das sukzessive weiterentwickelt und zu einem umweltfreundlicheren Bausystem ausgebaut werden könnte.

Yeang erkannte, dass er »grüne« Standards einführen musste, die auch für konservativ eingestellte private und öffentliche Bauherren in Malaysia oder Europa attraktiv sein würden. Angesichts des fehlenden Wissens über Umweltfragen in der Industrie hielt er daran fest, dass der bioklimatische Ansatz im Sinne eines kritischen Regionalismus' die beste Strategie für energiesparendes Bauen ist. Egal wo ein Gebäude stehen soll – Yeang und Hamzah berücksichtigen bei jedem Projekt das Klima am jeweiligen Ort. Es bestimmt die Form und Ausrichtung des Baus und die Gestaltung sämtlicher Komponenten. Mit dieser Art des Entwerfens wird die in der Umgebung vorhandene Energie auf optimale Weise genutzt, auch unter saisonal wechselnden klimatischen Bedingungen.

Für Yeang ist bioklimatisches Entwerfen nur ein Teilaspekt einer umweltgerechten Architektur. Mit seinem Partner schuf er Bauformen, die passiv Energie aus der Umgebung aufnehmen und wenig zusätzliche Energie benötigen. Yeang und Hamzah plädieren für bioklimatisches Bauen mit dem Argument, dass derartige energiesparende Passivhäuser weitaus robuster als andere Bauten sind, weil sie selbst bei Stromausfällen bewohnbar bleiben. Außerdem bilden sie den konstruktiven Rahmen für spätere Nachrüstungen, zum Beispiel mit Hybridsystemen und anderen automatisierten Energiesparanlagen.

Der Bau seines eigenen Hauses (Roof-Roof-House, 1985) bot Yeang zum ersten Mal die Chance, bei der formalen Gestaltung und technischen Ausstattung neue Wege

Roof-Roof-House, Ampang/Malaysia, 1985

zu gehen und das bioklimatische Entwerfen zu testen. Wie der Name bereits andeutet, gibt es hier zwei Dächer: eines über dem Innenraum und ein zweites, mit Luftschlitzen versehenes Dach, das die darunter liegende Fläche kühlt. Auch das Schwimmbecken dient mit seiner Wasserverdunstung als Kühlelement für die angrenzenden Wohnräume. Niedrige Mauern zwischen den seitlichen Grundstücksgrenzen und dem Haus lenken kühlende Winde in die Räume im Erdgeschoss, so dass dieses durchlüftet wird. Seit dem Bau seines Hauses hat Yeang nicht aufgehört, zu experimentieren und die ästhetischen Möglichkeiten der bioklimatischen Bauweise auszuloten und weiterzuentwickeln, zum Teil in Serienprojekten, aber auch bei Einzelgebäuden in Malaysia, im asiatischen und anderen Ausland, mit mehr oder weniger deutlicher Öko-Ästhetik.

2005 ging Yeang mit dem Londoner Architekten Llewelyn Davies eine neue Büro-Partnerschaft ein, die seither als Llewelyn Davies Yeang (LDY) firmiert. Dadurch wurde er mit seinen Bauten und akademischen Leistungen auf dem Gebiet der umweltgerechten Architektur einer breiteren Öffentlichkeit bekannt, zumal sich seit dem Jahr 2000 potenzielle Bauherren zunehmend für nachhaltige Lösungen interessieren, so dass ökologisches Bauen inzwischen zum architektonischen Mainstream gehört.

Yeang hat zahlreiche Großbauten inklusive Fassadenbegrünungen und Grünanlagen realisiert. Außer Grundrissen und Grundstücksplänen entwirft er für alle seine Projekte horizontale wie vertikale »Ökoinfrastrukturen«, wobei er Fachleute für die Pflanzenauswahl, die Konstruktionsdetails von Pflanzgefäßen, Be- und Entwässerungssysteme, die Gestaltung von Dränagegräben, Regenrückhaltebecken sowie Sammel- und Wassermanagementsysteme hinzuzieht.

Yeangs bioklimatische Hochhäuser der letzten Jahre unterscheiden sich zwar, was das Raumprogramm, den Kontext und die Gestaltung angeht, nutzen aber alle das energiesparende Potenzial hoher begrünter Gebäude, im Gegensatz zu den üblichen energieintensiven, vollständig mechanisch gekühlten oder beheizten Hochhäusern, die vielfach Ressourcen vergeuden. Yeangs Entwürfe kombinieren harte, konstruktive und weiche, landschaftliche Komponenten, indem er nicht nur die Grünanlagen, sondern auch das gesamte Erdgeschoss mit vielen Pflanzen landschaftlich gestaltet. Hier setzt er zahlreiche verschiedene Elemente ein: kühlenden Nebel verströmende

Menara Boustead, Kuala Lumpur/Malaysia, 1986

Wasserwände; »Flügelmauern«, die Frischluft ins Gebäude lenken; vertikale »Grünzellen«, die Tageslicht in die unteren Geschosse leiten und diese natürlich belüften.

Das Solaris Building im Forschungs- und Gewerbepark Fusionopolis im neugestalteten One North-Bezirk von Singapur (Generalplan von Zaha Hadid Architects) umfasst über 8.000 m^2 vertikale Grünfläche. Das mehr als 7.734 m^2 große Grundstück gilt als ultra-fortschrittliches Modell einer in ein Gebäude integrierten Landschaft. Die zwei Blöcke des Solaris-Hochhauses flankieren ein großes, natürlich belüftetes Atrium und werden durch Brücken auf mehreren Etagen miteinander verbunden. Das Hauptmerkmal des Komplexes ist der vertikale Parkkorridor: eine 1,3 km lange begrünte Wendelrampe, die vom ebenerdigen Parkgelände an der Fassade hoch führt und eine stufenweise ansteigende Reihe von Dachgärten und Terrassen verbindet, die zum Teil durch die Fassade ins Innere reichen. Im Verbund mit einem neuartigen Solarschacht, der die oberen Geschosse durchstößt, sensorgesteuerten Beleuchtungskörpern, natürlicher Be- und Entlüftung, zahlreichen Jalousien und einer Regenwasseraufbereitungsanlage übertraf der Komplex sogar die Standards des Green-Mark-Platinum-Siegels, das vom staatlichen Bauaufsichtsamt von Singapur vergeben wird.

Der Spire Edge Tower in Manesar bei Gurgaon, südwestlich von Delhi, weist eine ähnlich frische grüne Infrastruktur auf: einen begrünten Korridor, der vom Erdgeschoss über grüne Wände und Rampen bis zum Dach des Zentrums für Informationstechnologie (IT) führt. Diese Vegetation muss stets gut gepflegt werden. Das Gebäude dient als erfrischende, ermutigende Metapher für die Fähigkeit des Menschen, die Natur unter Einsatz von Technologien zu schützen und mit ihr zu leben. Der Gebäudekomplex des »IT Parks« ist Indiens erstes Ensemble mit bioklimatischem Hochhaus, das nach bauphysikalischen und umwelttechnischen Nachhaltigkeitskriterien errichtet wurde. Es förderte lokale Investitionen in grüne, statt graue Ingenieurbauten und Infrastrukturen. Das Bürohochhaus wurde mit dem Gütesiegel A+ zertifiziert, weil es 30 % weniger Energie verbraucht als konventionelle Bauten. Es ist mit Sensoren ausgestattet, die wie Nerven die Gebäudefunktionen nach dem Vorbild natürlicher Prozesse regeln. Zudem berücksichtigte Ken Yeang hier die indische Geomantie-Tradition (Vaastu), die auf den zyklischen adaptiven Prozessen der Natur und der natürlichen Energieströme basiert.

DiGi Technical Operations Centre, Shah Alam/Malaysia, 2010

Yeang war der erste Architekt, der in Malaysia begrünte vertikale Erschließungswege – Treppen und Rampen – innerhalb von Hochhäusern schuf. Die Begrünung von Wolkenkratzern ist inzwischen nichts Ungewöhnliches mehr, aber nur wenige Architekten haben sie so konsequent und oft in ihre Bauten integriert wie Ken Yeang. Ein Beispiel ist seine 2005 fertiggestellte Staatsbibliothek von Singapur. Auch dieses Hochhaus mit 40 m hohen Atrien, in denen drei Meter hohe Bäume stehen, erhielt das Green-Mark-Platinum-Siegel, Singapurs Äquivalent der US-amerikanischen Zertifizierung nach LEED® (Leadership in Energy and Environmental Design). Mit seinem Wettbewerbsentwurf von 2007 für das Hochhaus der Bank of Investment and Development of Vietnam in Saigon realisierte Yeang beispielsweise ein Verbundsystem aus Raum, Funktion, Tragwerk, intelligenten Fassaden, vertikaler Erschließung, Windkühlung, natürlicher Belüftung, Umwelttechnik, städtebaulichem Masterplan und Identität stiftender Symbolkraft.

Sein jüngstes Projekt, das Morgan Stanley Clinical Building des Mittal Children's Medical Centre in der Great Ormond Street im Londoner Stadtteil Bloomsbury, kann man durchaus als »grünstes Krankenhaus« Großbritanniens bezeichnen. Und das DIGI Data Center in Shah Alam, der Hauptstadt des malaiischen Bundesstaats Selangor, ist mit seinen zahlreichen »grünen« Merkmalen und der bislang am weitesten gehenden Integration biologischer Elemente ein Beleg für Yeangs inzwischen noch ausgereiftere umweltgerechte Gestaltung. Das Gebäude hat eine biologische Kläranlage, begrünte Fassaden, die als Luftfilter und Sonnenblenden auch in den Innenräumen für ein wohltemperiertes Mikroklima sorgen und die CO_2-Emissionen des Baus reduzieren, sowie weitere umweltschonende Komponenten.

Obwohl sie den Grundsätzen der organischen Architektur folgen, sind Yeangs Gebäude nicht im üblichen Sinne organisch geformt, denn der Architekt strebt eine differenzierte, anspruchsvolle ökologische Ästhetik an. Die »Ökomimikri«-Methode liefert ihm als Entwerfer Vorbilder aus der Natur, die er als Analogien und Inspirationsquellen nutzen kann. Er ist sich aber bewusst, dass dies – wenn es nur oberflächlich geschieht – nur in einer Art materiell und physisch funktionalen Metapher mündet.

Es besteht dringender Bedarf an ökologischen Maßnahmen zur Bewahrung der Schöpfung. Die mögliche harmonische Koexistenz von gebauter und natürlicher Umwelt ist mit Ken Yeangs Werk einen Schritt weiter gekommen, denn dieser hat seiner Überzeugung, dass Gebäude einen der Natur ähnlichen Metabolismus besitzen, bauliche Formen gegeben. Die britische Tageszeitung The Guardian bezeichnete ihn kürzlich als einen von fünfzig Menschen, welche unseren Planeten retten könnten. Yeangs Wirken als Architekt, Autor und Wortführer seines Berufsstands hat das Erscheinungsbild vieler Städte rund um die Welt schon jetzt zukunftsweisend und ganzheitlich geprägt. Sein vielschichtiges Werk verleiht seinem umweltgerechten Gestaltungsansatz große Glaubwürdigkeit.

LUCY BULLIVANT Hon FRIBA ist Architekturkuratorin, Kritikerin und Autorin. 2010 erhielt sie die Ehrenmitgliedschaft von RIBA. Seit 1987 arbeitet sie international mit führenden Museen, Galerien, kulturellen Institutionen, Verlagen und Vereinigungen zusammen. Sie hat eine Reihe von wegweisenden erfolgreichen Ausstellungen kuratiert und veröffentlichte bei Thames & Hudson, Princeton Architectural Press und DVA. Sie publiziert in Domus, The Plan, a + u, Volume, Architectural Record und Indesign, die weltweit zu den wichtigsten internationalen Architekturzeitschriften zählen.

Zorlu Ecocity, Istanbul/Türkei, 2007

Ken Yeang
Die vier Ökoinfrastrukturen

»Umweltfreundliches Entwerfen« in der Architektur gehört inzwischen zum Mainstream; befragen Sie irgendeinen Architekten, was er unter grüner Architektur versteht, und Sie werden immer die gleichen Antworten bekommen: Nutzung erneuerbarer Energien (durch Fotovoltaik, Windgeneratoren etc.); Beachtung von Öko-Zertifizierungen; Kohlendioxidbilanz; neuer Urbanismus und mehr. Wir müssen uns fragen, ob das alles genügt, um ökologisch verträglich zu bauen.

Ich bin der Meinung, dass es dabei um noch mehr geht und dass »grüne Architektur« nicht so leicht zu realisieren ist, wie manche behaupten. Sie herzustellen ist eine höchst komplexe Aufgabe, die zwar noch nicht endgültig gelöst ist, für die es aber bereits eine Reihe von Strategien gibt, die man gebündelt einsetzen kann, um das Ziel des Einklangs der gebauten mit der natürlichen Umwelt zu erreichen.

Um ökologische Infrastrukturen zu schaffen, wenden wir verschiedene Strategien und Instrumente an und verknüpfen vier »grüne«, nach dem folgenden Farbcode geordnete Entwurfsstränge zu ökologischen Infrastrukturen:

GRÜN: NATUR UND UMWELT
natürliche Versorgungsleistungen, das heißt die »Eigenleistungen« und »Lieferungen« der Natur müssen genutzt und synergetisch miteinander verbunden werden.

ROT: GESELLSCHAFTSSYSTEME UND FRAGEN DER LEBENSQUALITÄT
gebaute Umwelt, menschliche Gesellschaft, gesetzliche Regelwerke und behördliche Auflagen.

GRAU: UMWELTTECHNIK UND ÖKOLOGISCHE SYSTEME
»saubere« ingenieurtechnische Infrastrukturen, die keine Umweltverschmutzung und Umweltschäden verursachen.

BLAU: NATÜRLICHE UND NACHHALTIG BEWIRTSCHAFTETE GEWÄSSER
Wasserwirtschaft in geschlossenen Kreisläufen durch Anlagen mit natürlicher, umweltschonender Abwasserentsorgung.

Ökologisches architektonisches Entwerfen bedeutet die nahtlose umweltschonende Verknüpfung dieser vier Stränge in einem ganzheitlichen ökologischen System. Dieses Konzept stellt das Betätigungsfeld für umweltbewusste Architekten dar. Ähnlich wie der komplexe Aufbau der DNA von Crick und Watson in vier Basen eingeteilt wurde, liefern diese vier ökologischen Infrastrukturen eine integrative Ausgangsbasis für ökologische Architektur und Stadtplanung.

Grüne Infrastrukturen

MERKMALE	SYSTEME UND MASSNAHMEN
Förderung der Biodiversität	Ökologische Flächennutzungspläne, Studien zur Artenvielfalt
	Erstellung von Biodiversitätsindex und Zielsetzung
	Schaffung biologischer Habitate/Austausch mit Experten
	Verwendung einheimischer Pflanzenarten
Ökologischer Nexus	Strategie für durchgehende Grünlandflächen
	Ökologische Korridore, Grünbrücken und -tunnels
	Ebenerdige »Ökozellen«
	Begrünte Geschossflächen
	Grünrampen, begrünte Wände, bepflanzte Terrassen und Balkone
	Künstliches Sumpfland (Sickerflächen)
Nachhaltige Landschaftsplanung	Angrenzend an empfindliche Flora-und-Fauna-Habitate
	Renaturierung von Mülldeponien oder aufgefüllten Kiesgruben etc.
	Sanierung und Umnutzung von Altbauten
	Sanierung und Umgestaltung von Bergbaufolgelandschaften
	Effiziente bioklimatische Platzierung und Ausrichtung von Gebäuden
	Zugänglichkeit zu Versorgungszentren und öffentlichen Einrichtungen
	Angemessene Verdichtung von Bebauungen
	Gute Verkehrsanbindungen
Umweltmanagement	Landschaftsgestaltung zur Erosionskontrolle
	Pflege und Wiederherstellung historischer Landschaften und Parks
	Schonung natürlicher Habitate bei Bautätigkeiten
	Maßnahmen zur Vermeidung von Umweltverschmutzung bei Erdarbeiten
	Umweltschutz- und Renaturierungsstrategien
Nachhaltige Baupraktiken und -techniken	Entsorgungs- und Verwertungsplan für Bauschutt
	Baustelleneinrichtungen für Arbeiter
	Baumanagementplan für Raumluftqualität
	Umweltschutzmaßnahmen zur Vermeidung von Erosion und Schlammablagerungen
Reduzierung von Hitzeinseleffekten	Maximierung von Freiflächen und Bepflanzungen
	Ausgedehnte, üppig begrünte Dachgärten, Gründächer
	Pflanzenwände (»vertikale Gärten«)
	Sonnenwärme abstrahlende oder speichernde Baustoffe
	Pflanzung Schatten spendender Bäume

Rote Infrastrukturen

MERKMALE	SYSTEME UND MASSNAHMEN
Bioklimatische Niedrigenergiehäuser	Baugestalt, Platzierung und Ausrichtung
	Ganz oder teilweise passiv Wärme speichernde Bauteile und verschiedene Energiequellen, z.B. Solarpaneele nutzende Haustechnikanlagen
	Natürliche Ventilation, Heizung, Kühlung
	Fenster, die sich öffnen lassen
	Tageslichtoptimierung durch Licht lenkende Reflektoren
	Belüftungs-Analysen auf der Basis innovativer Energiesysteme und/oder numerischer Strömungsmechanik
	Ausnutzung vorherrschender Winde durch Einbau von »Windschaufeln« oder -schächten
	Sonnenschutzvorrichtungen
Nachhaltige Transportwege	Erreichbarkeit für Fußgänger/Anlage von Fußwegenetzen
	Kurze Wege zu Geschäften und Dienstleistern
	Anbindungen an öffentliche Verkehrsmittel
	Fahrradstellplätze, Umkleide- und Duschräume
	Alternative Transportmöglichkeiten
	Bildung von PKW-Fahrgemeinschaften/LKW-Parkplätze
	Parkplätze für »grüne Kraftfahrzeuge«
	Ladestationen für Elektroautos
Innenraumqualität	Mindeststandards für Raumluftqualität
	Verwendung von Materialien mit niedrigem Gehalt an flüchtigen organischen Verbindungen
	Vermeidung von schlechter Luft durch Tabakrauch
	Überwachung und Reduzierung von CO2
	Entwurf spezieller Lagerräume für gefährliche Chemikalien
	Architektonisch gestaltete Zu- und Eingänge
	Schimmelbekämpfungsmaßnahmen
	Kontrollvorrichtungen für angenehme Innenraumwärme
	Effizienter Luftaustausch mit Hilfe von Doppelböden
	Blendschutzglas
	Fensterplatzierung und -gestaltung im Hinblick auf »schönste Ausblicke«
	Schalldämmung
Nachhaltiger Einsatz von Materialien und Ressourcen	Baustoffrecycling
	Auswahl und Verwendung von Altmaterialien
	Verwendung lokal gewonnener/hergestellter Materialien
	Vermeidung/Entfernung von FCKWs und teilhalogenierten FCKWs
	Vermeidung/Entfernung von hartnäckigen bioakkumulativen Toxinen
	Vermeidung/Entfernung von karzinogenen oder reproduktiven Giften
	Lagerung und Sammlung von Wertstoffen
	Verwendung von Holz aus nachhaltiger Forstwirtschaft und von ökozertifiziertem Holz
	Eingeplanter Rückbau

Lebensstil, Bildung und Gesetzgebung	Erholungsflächen: Dachgärten und Veranstaltungen
	Lebensmittel und Ernährung – Entwicklung einer integrierten ökologischen Landwirtschaft
	Kinderbetreuungseinrichtungen vor Ort
	Naturlehrpfade und Naturschutzgebiete
	»Grüne« Gesetze
	Entwicklung und Anwendung umweltschonender Herstellungs- und Vermarktungsmethoden

Graue Infrastrukturen

MERKMALE	SYSTEME UND MASSNAHMEN
Energieeffiziente Heiz- und Kühlsysteme	Hochleistungsfassaden mit Niedrigenergiesystemen
	Einbau hoch leistungsfähiger Low NOx-Gasthermen
	Geräte mit variablen Antriebsgeschwindigkeiten
	Wechselrichterpumpen und -ventilatoren
	Sonnenschutzvorrichtungen
	Passive Nutzung von Sonnenenergie, evtl. unterstützt durch mechanische Heizsysteme
	Fenster, die sich öffnen lassen
	Optimierung Wärme speichernder Bauteile (keine Teppiche oder Deckenverkleidungen)
	Abgehängte gehärtete Mehrzweck-Stahlträger
	Wärmedämmung
	Wärmerückgewinnungsanlagen
Strom sparende Elektroinstallationen	T5- und LED-Beleuchtungsanlagen
	Hoch frequente elektronische Vorschaltgeräte
	Optimierte Beleuchtungsstärken von Bürolampen
	Lichtzonen und gezielte Arbeitsplatzbeleuchtung
	Sensorgesteuerte Tageslichtergänzung durch künstliche Beleuchtung
	Bewegungsmelder in Toiletten und Treppenhäusern
	Stromzähler für mehrere Teilbereiche
	Einstellvorrichtung für Phasenabgleich von Stromzählern und Spannungsregler
	Verwendung von Strom sparenden Bürogeräten
	Fotovoltaik-Warmwassersysteme
	Integriertes Gebäudemanagementsystem
Folgeaufträge	Nach- und Umnutzung von Gebäuden
	Überprüfung der Energieeffizienz von Elektroinstallationen und -geräten
	Nutzerhandbuch Grünes Bauen
Erneuerbare Energiequellen	Kleine Windräder
	Fotovoltaikfelder auf Dächern
	Heizen & Kühlen mit Erdwärme
	Heizen & Kühlen mit Flussströmungswasser
	Methangasthermen

Ökologische Transportmittel und -wege	Anbindung an öffentliche Verkehrsmittel
	Fahrradstellplätze, Umkleide- und Duschräume
	Alternative Transportmittel
	Bildung von PKW-Fahrgemeinschaften/LKW-Parkplätze
	Parkplätze für »grüne Kraftfahrzeuge«
	Ladestationen für Elektroautos

Blaue Infrastrukturen

MERKMALE	SYSTEME UND MASSNAHMEN
Senkung des Wasserverbrauchs	Wasser sparende Armaturen
	Wasserlose Urinale
	Regelmäßige Untersuchung von Leitungsnetzen auf Lecks
	Zweitwasserzähler für Teilbereiche
	Wasser sparende Kühltürme
	Hydrologisch effiziente Landschaftsgestaltung
	Automatische Tropfenbewässerung
	Verwendung einheimischer und anpassungsfähiger Pflanzenarten
	Geschlossene Wasserkreisläufe auf jedem bebauten Gelände
Wasserrecycling	Kondenswasserauffangsysteme
	Nutzung von Schmutz- und Brauchwasser
	Biologische Kleinkläranlagen
Nachhaltige Wasserwirtschaft	Regenwasserkollektion und -verwendung
	Bewässerung nur mit Regenwasser
	Grundwasserschutzmaßnahmen
	Gewässerschutz und -sanierung
	Schaffung neuer Feuchtbiotope
Ökologische Abwässersysteme	Rieselfelder, biologische Kläranlagen und Abwasserrückhaltebecken
	Künstliche Feuchtgebiete
	Wasserdurchlässige Pflasterung von Freiflächen
	Reduktion von Oberflächenabfluss
	Filtrierung von Oberflächenabflusswasser

Die Grüne Schule

Bali, Indonesien

Gründung: 2008

www.greenschool.org

Die Grüne Schule ist ein Projekt von John und Cynthia Hardy, die negativen Entwicklungen wie Ressourcenknappheit, Energieverschwendung und Umweltverschmutzung bis hin zur Zerstörung von Natur- und Lebensräumen entgegentreten wollen, indem sie bei der Erziehung von Kindern ansetzen. Die Schüler sollen als verantwortungsbewusste und nachhaltig agierende Menschen aufwachsen. Seit der Gründung der Grünen Schule in Badung/Sibang Kaja am Ayung-Fluss im Jahr 2008 lernen die Schüler dort alles, was internationalen Bildungsstandards entspricht – verbunden jedoch mit Praktiken für ein nachhaltiges und umweltbewusstes Handeln.

Seit 2008 ist die Zahl der Schüler aus 45 verschiedenen Ländern von 100 auf 275 gestiegen; 10 bis 20% sind einheimische Kinder, denen die Ausbildung durch Stipendien ermöglicht wird. Die Gründer der Grünen Schule sehen ihre Institution als Modell nicht nur für Bali; sie wünschen sich, dass es kopiert, weiterentwickelt und verbreitet wird. Eine weitere Grüne Schule ist derzeit auf der Singapur vorgelagerten Insel Sentosa in Planung.

Die Gründer der Schule

John und Cynthia Hardy, die seit über 30 Jahren auf Bali leben, konnten die Idee einer Schule jenseits der strukturellen und konzeptionellen Grenzen traditioneller Lehranstalten in die Realität umsetzen. Alan Wagstaff, pädagogischer Berater und Autor des ursprünglichen Lehrplans der Grünen Schule, beschäftigt sich seit mehr als 25 Jahren mit diesem innovativen Bildungskonzept. Jürgen Zimmer, Professor an der Freien Universität Berlin, bringt seine praktische pädagogische Erfahrung ein, die er durch den Aufbau eines globalen Netzwerks an Schulen sammeln konnte.

John Hardy kam 1975 als Kunststudent von Kanada nach Bali. Fasziniert von den balinesischen Handwerkstraditionen begann er, mit lokalen Handwerkern eine Schmuckproduktion zu entwickeln. Cynthia brach ihr Jurastudium in Berkeley ab, übersiedelte 1982 nach Bali und eröffnete ein Juweliergeschäft; seit 1989 leben und arbeiten John und Cynthia Hardy zusammen. Von Anfang an war ihre Tätigkeit auf Bali von einem respektvollen Umgang mit der Natur, den Menschen und der Kultur dort geprägt. Ihr Ziel ist es, diesen Ansatz gegenseitigen Lernens mit den positiven Erfahrungen ihrer Kinder auf einer Rudolf-Steiner-Schule und der Waldorfpädagogik zu verbinden und mit anderen zu teilen: „Wir bauen eine grüne Schule, um ein neues Paradigma des Lernens zu entwickeln. Wir wollen

Kinder dahingehend fördern, dass sie in der Lage sein werden, mit ihrer Umwelt in Einklang zu leben. Wir wünschen uns, dass Kinder die geistige, körperliche und emotionale Kompetenz und Intuition entwickeln, um selbstbewusst und zugleich voller Ehrfurcht die Möglichkeiten des Lebens zu erkennen und zu ergreifen."

Lernen für eine nachhaltige Zukunft

Die Vision, aus der heraus die Grüne Schule entstand und die sie trägt, ist eine Welt, die von Respekt gegenüber unserem Planeten und seinen Bewohnern geprägt ist. In der Schule sollen möglichst naturnah neben Führungsqualitäten und Alltagswissen auch grundlegende akademische Fähigkeiten gefördert werden. Sie will dazu beitragen, eine junge Generation von Vordenkern und Meinungsführern im Bereich Ökologie auszubilden – in und mit einem Bildungsmodell, das die Lehre der Natur mit einer zeitgemäßen und zukunftsfähigen Ausbildung in Einklang bringt. Die Schulgründer halten sich an drei einfache Regeln: Sei vor Ort! Lasse dich von deiner Umwelt leiten! Stelle dir vor, wie deine Enkelkinder durch dein Handeln beeinflusst werden! Die Werte, welche die Grüne Schule auszeichnen, sind Integrität, Verantwortungsbewusstsein, Einfühlungsvermögen, Nachhaltigkeit, Frieden, Gleichheit, Gemeinschaft und Vertrauen.

Der Lehrplan vereint internationale Bildungsstandards höherer Schulen in den Kernfächern Englisch, Mathematik und Naturwissenschaften mit praktischem und experimentellem Lernen in den Bereichen Ökologie und Kunst. Die Internationalität der Schüler und Lehrer trägt zu einem globalen Bewusstsein bei – lokale, nationale und globale politische und soziale Themen stehen ebenfalls auf dem Lehrplan. Die Schüler werden darauf vorbereitet, kritisch und kreativ zugleich zu denken, selbstbewusst für die Zukunft der Welt und für ihre jeweilige lokale Umwelt einzutreten.

Lernen, Leben und Bauen in und mit der Natur

Der Ort, an dem die Grüne Schule angesiedelt ist, ist umgeben von tropischen Regenwäldern und Reisfeldern. Gebaut wurden die derzeit 75 Gebäude des Campus' aus lokalen und nachwachsenden Materialien: Bambus ist Hauptbestandteil der Architektur, Alang-Alang-Stroh deckt die Dächer, die wenigen Wände bestehen aus gestampfter Erde, Vulkangestein und aus dem auf Bali traditionellen Lehmbau.

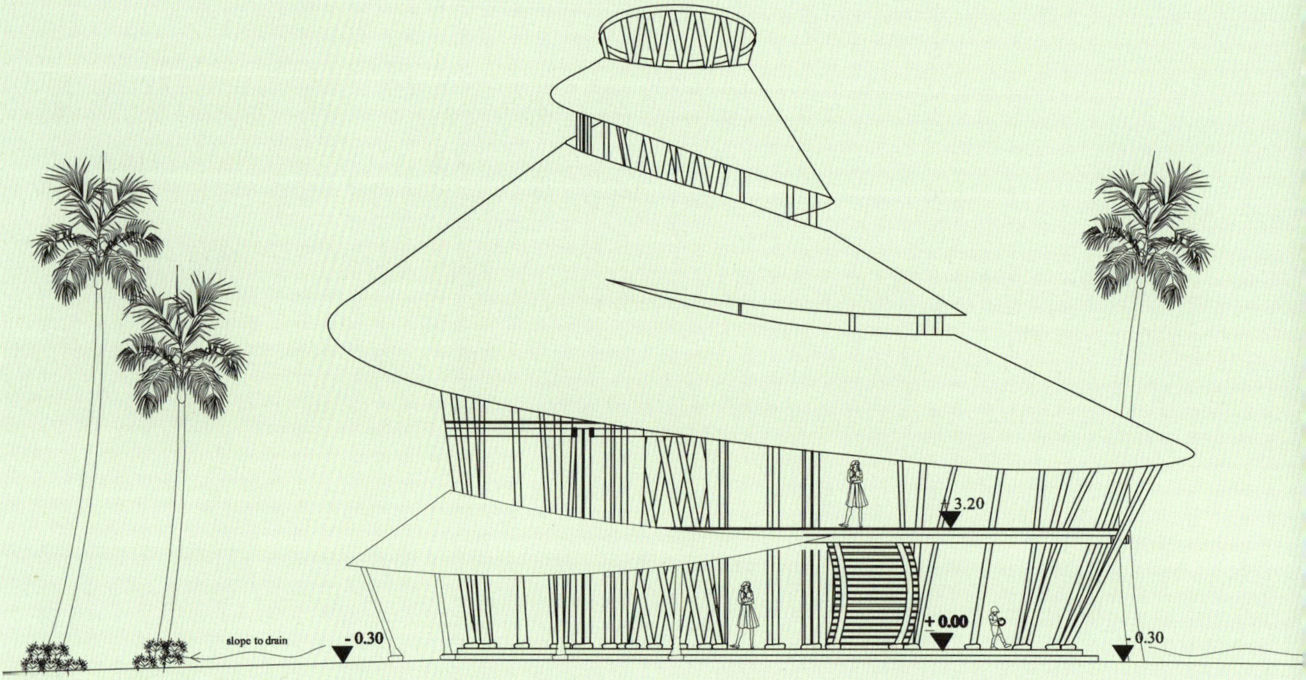

Das Zentrum oder »Herz« der Schule

Die bestehende natürliche Topografie blieb unberührt: Bäume wurden nur gefällt, wenn es unvermeidbar war, und es wurden dafür neue gepflanzt; die alten Bäume wurden erhalten, gegebenenfalls wurde um sie herum gebaut. Erde wurde in keinem Fall abgetragen oder aufgeschüttet. Alle Gebäudestrukturen erlauben natürlichen Lichteinfall und Luftzirkulation, so dass auch an den heißen feuchten Tagen im tropischen Regenwald gelehrt und gelernt werden kann.

Die Verwendung von lokalem Bambus, geerntet und bearbeitet von einheimischen Fachkräften, wird vorangetrieben und unterstützt; der Anbau von Bambus erfordert weder Bewässerung noch Pestizide oder Bewirtschaftung. Zudem handelt es sich bei ihm nicht nur um ein traditionelles asiatisches Baumaterial, sondern auch um einen sehr schnell nachwachsenden Rohstoff: Bereits nach drei bis vier Jahren kann er geerntet werden. Das Material hat eine Druckkraft wie Beton und die Zugfestigkeit von Stahl. Gut ausgewählt, bearbeitet und gepflegt, hat Bambus eine lange Lebensdauer – wie einhundert Jahre alte Beispiele zeigen. Behandelt wird er mit dem natürlich vorkommenden Borsalz, das für Menschen unschädlich ist, für Insekten aber ungenießbar.

Die Schule versorgt sich selbst mit Lebensmitteln: mit ökologisch angebautem Reis, Obst und Gemüse. Anbau und Ernte sind auch Teil des Lehrplans. Sogar Schokolade lernen die Kinder selbst zu machen, sie lernen die Herstellung von Kokosöl, die Gewinnung von Honig und die Fischzucht – alles im Hinblick darauf, die Natur zu respektieren und auf Artenvielfalt zu achten. Die unabhängige Energie-Selbstversorgung mit einer Kombination aus Wasserkraft- und Biogas-Anlagen ist im Entstehen begriffen.

Der Campus auf einer Fläche von über 18.000 m^2 umfasst elf Klassenzimmer, Gemeinschaftsräume, eine Bibliothek, ein Labor, Räume für Kunst, Werkstätten und Theatersäle, eine Küche und Speiseräume, Wohnungen für die Lehrer, eine Sporthalle und ein Fußballfeld – alles umgeben von der biologisch-organisch ausgerichteten Landwirtschaftsschule mit ihren Feldern und Beeten.

Bauträger war PT Bambu, ein Architekturbüro und Bauunternehmen, das Bambus als primäres Baumaterial nutzt, um der weiteren Abholzung der Regenwälder gegenzusteuern; das Team von Ibuku Design mit Elora Hardy, Defit Wijaya, Putra Wiarsa, Nyoman Kerta, Eka Wiradana und Ali Faqih begleitet den Gestaltungsprozess der Grünen Schule seit 2004 und ist für das gerade entstehende »Green Village« verantwortlich. 2010 wurde die Grüne Schule für den renommierten Aga Khan Award for Architecture nominiert.

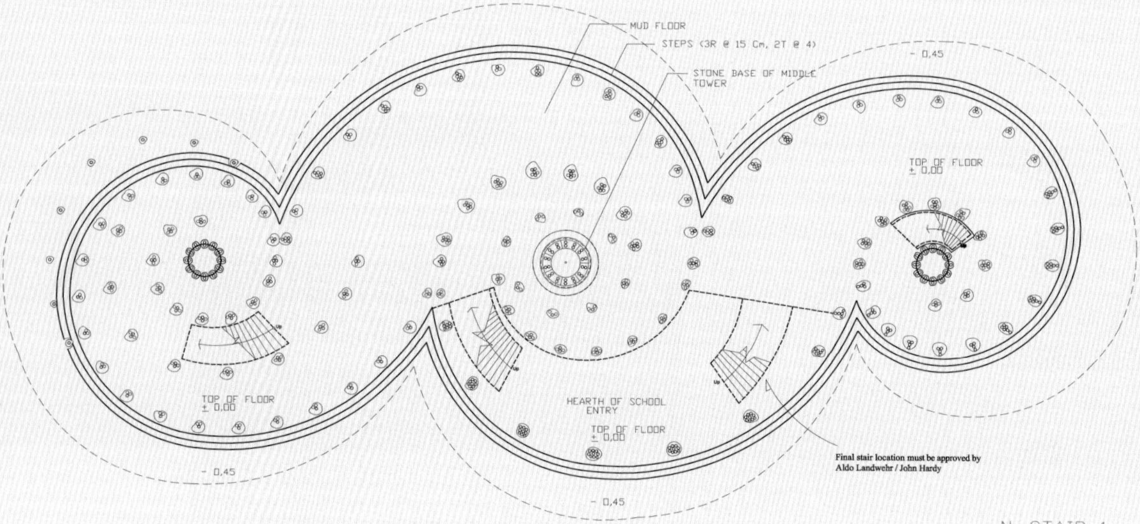
MUD FLOOR
STEPS (3R @ 15 Cm, 2T @ 4)
STONE BASE OF MIDDLE TOWER
- 0,45
TOP OF FLOOR ± 0,00
TOP OF FLOOR ± 0,00
HEARTH OF SCHOOL ENTRY
TOP OF FLOOR ± 0,00
Final stair location must be approved by Aldo Landwehr / John Hardy
- 0,45
- 0,45

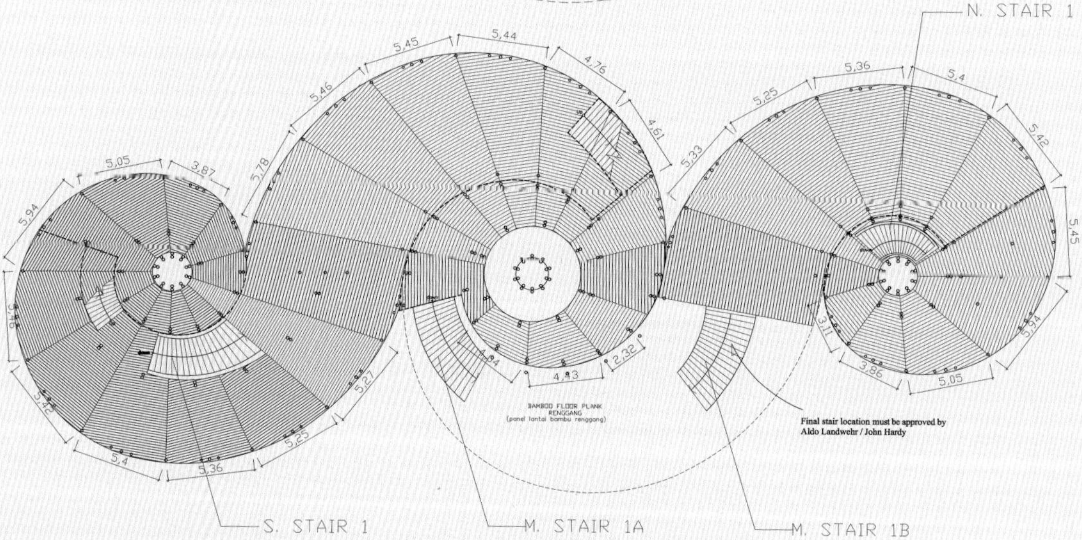
N. STAIR 1
BAMBOO FLOOR PLANK RENGGANG
(panel lantai bambu renggang)
Final stair location must be approved by Aldo Landwehr / John Hardy
S. STAIR 1
M. STAIR 1A
M. STAIR 1B

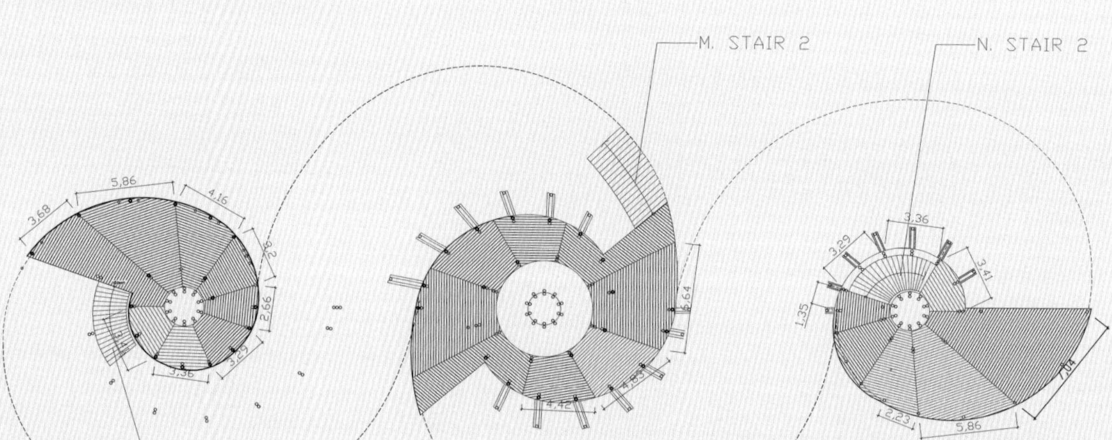
M. STAIR 2
N. STAIR 2
S. STAIR 2

LEGEND
General Tree
Coconut Tree
Bambu Tree
Coklat Tree
Melinjo Tree
1. PT. BAMBU OFFICE
2. PT. BAMBU KITCHEN
3. GREEN SCHOOL OFFICE
4. STABLE & HOUSE
5. TEACHER HOUSE
6. SCHOOL DIRECTOR HOUSE
7. WAVE HOUSE
8. DROP OFF BALE
SCALE : 1 : 1000
303050
303100
303150
303200
9. LIDI HOUSE (WISMA TAMU)
10. POOL STONEY (KOLAM BATU)
11. BRIDGE 01
12. BAMBU BRIDGE 02
13. BAMBU BRIDGE 03
14. RABBIT HUTCH
15. YURT CAMP
16. CAGE
17. DIAMOND STONE
18. PRE - SCHOOL
303250
303300
303350
303400
303450

GREEN SCHOOL SITE PLAN

Klassenzimmer

Mepantigan-Dom

Ng Seksan
Seksan Design, Landscape Architecture & Planning, Kuala Lumpur, Malaysia

www.seksan.com

Ng Seksan studierte in Neuseeland an der Universität von Canterbury, Christchurch, Bauingenieurwesen. Er schloss 1985 sein Studium der Landschaftsarchitektur an der Lincoln Universität, Canterbury mit dem Diplom ab. Zwischen 1986 und 1994 arbeitete er für Boffa Miskell Partners in Neuseeland und Belt Collins Associates Int. in Singapur. Im Jahr 1994 eröffnete er in seiner Heimatstadt Kuala Lumpur sein Architekturbüro Seksan Design. Er ist Mitglied des Institute of Landscape Architects in Neuseeland, Malaysia und Singapur.

Ng Seksan ist einer der erfolgreichsten Landschaftsarchitekten Malaysias. Er entwirft und realisiert Park- und Gartenanlagen, öffentliche Räume und engagiert sich für nicht-kommerzielle, kulturelle und soziale Projekte. Er fördert die lokale Kunstszene und ist im Besitz einer eigenen Sammlung zeitgenössischer Kunst. Seksans Erfolg liegt nicht im Aufspüren schnelllebiger Trends, sondern in der Rückbesinnung auf handwerkliche und gestalterische Traditionen; er lässt sich vor Ort nicht nur von den topografischen und klimatischen, sondern auch von kulturellen Gegebenheiten inspirieren. In seinen neueren Arbeiten wie im Ferienresort Sekeping Serendah greift er sehr behutsam in die natürliche Umgebung ein: Durch seine Vision vom Leben im Einklang mit der Natur unter Einbeziehung künstlerischer Elemente steht er für eine nachhaltige Architektur mit zeitlosem Charakter.

Ng Seksan studied civil engineering at the University of Canterbury, Christchurch in New Zealand and completed a postgraduate diploma of landscape architecture at Lincoln University, Canterbury in 1985. Between 1986 and 1994 he worked with Boffa Miskell Partners in New Zealand and Belt Collins Associates Int. in Singapore. In 1994 he set up his own office Seksan Design in his hometown Kuala Lumpur. He is a member of the Institute of Landscape Architects in New Zealand, Malaysia and Singapore.

Seksan is one of the most successful landscape architects of Malaysia, famous for his diverse concepts of parks, gardens and public spaces and for his commitment to non-commercial, social and cultural projects. He promotes the local arts scene and owns a permanent collection of contemporary art. He does not follow the trend of global business, preferring instead a craft based tradition in architecture. Inspired not only by the topographic and climatic conditions, but also by the regional culture, he uses local materials and construction methods. In his more recent projects like the one of Sekeping Serendah, a holiday resort, he incorporates the natural surroundings more and more into his design. Seksan's idea of life in harmony with nature and the inclusion of the local art context, stands for a sustainable and timeless architecture.

Ausgewählte Projekte

Selected Projects

Privatgärten / *Residential:* 49 & 67 Tempinis, Bangsar, Kuala Lumpur; Kung Yu's Studio, Bandar Seri Damansara, Kuala Lumpur; Shah Alam Bungalow, Shah Alam
Wohnanlagen / *Condominium:* 10@ Mont Kiara, Mont Kiara Aman, Mont Kiara Damai, Mont Kiara; One Menerung, Bangsar; Riana Green East; Ampersand Showroom; The Maple, Sentul West, alle/*all* Kuala Lumpur
Geschäftshäuser / *Commercial:* One Bangsar, Bangsar; Rohas Perkasa; Lot 10 Rooftop, alle/*all* Kuala Lumpur; PJ Trade Centre, Petaling Jaya, Selangor
Institutionen / *Institutions:* CENFAD Centre For Advanced Design; KL Performance Arts Centre (KLPAC), Sentul Raya, Kuala Lumpur
Hotels, Gästehäuser / *Hotels, Resorts:* Shangri-La, Kuala Lumpur; Lone Pine Hotel, Batu Feringghi, Penang; Sekeping Serendah, Rawang, Selangor (www.serendah.com); Sekeping Tenggiri, Bangsar, KL (www.tenggiri.com)
Parkanlagen / *Parks:* Kota Kemuning Park, Shah Alam, Selangor; Wen Memorial, Nirwana Memorial Park, Semenyih; Sibu Lake Garden, Sibu, Sarawak; Sibu Pavillion I & II, Lake Garden, Kuala Lumpur; Sentul West Park, Kuala Lumpur; Mao, Marilyn & The Big Garden, Singapore Garden Festival, Singapore
Öffentlicher Raum / *Townships:* Sibu Mist Garden & Sibu Street Scape for Sibu Municipal Council, Sarawak; Sri Carcosa, Seremban

49 Tempinis

Bangsar, Kuala Lumpur, 1995–2012

Wohnhaus

Residential

Sekeping Tenggiri

Bangsar, Kuala Lumpur, 2010
Gästehaus
Guesthouse

Gästehaus mit 7 Zimmern, Gemeinschaftsraum, Esszimmer und Schwimmbecken. Unverkleidete Ziegelsteinwände, recycelte Türen und vertikale Gärten bestimmen das Interieur des renovierten zweistöckigen Bungalows aus dem Jahr 1970.

A seven-room guesthouse with common lounge, dining area, garden and swimming pool. The two-level renovated 1970's bungalow features exposed brick walls, vertical gardens and recycled doors.

Sekeping Serendah Warehouse

Serendah / Rawangor, 2012

Gästehaus, Urlaubsresort

Guesthouse, Retreat

CHOPPING BOARD

PJ8

Petaling Jaya, Selangor
2005–2008

Gebäudekomplex mit einem 38-stöckigen Apartmenthaus und drei Gebäuden mit Büro- und Geschäftsräumen mit 12, 13 und 17 Geschossen. Die Gesamtanlage zeichnet sich aus durch die gelungene Verbindung der Architektur mit und durch innerstädtische Grün- und Waldflächen.

Integrated service apartment and office development. PJ8 comprises a 38-storey service apartment suite tower, a 12-storey office suite block and two corporate office towers of 13 storeys and 17 storeys respectively. It is tailored to embrace contemporary architecture and features tamed urban forest landscaping throughout the entire development.

D7

Sentul, Kuala Lumpur, 2012
Gebäudekomplex mit Büro- und Geschäftsräumen und Wohnungen
Integrated service apartment and office development

Lot 10

Kuala Lumpur, Malaysia, 2010

Das Dach eines ehemaligen Parkhauses und der heutigen Shoppingmall wurde zu einem Dachgarten umgestaltet: Inmitten einer Grünanlage mit überhängenden Farnen, sprießendem Blattwerk und einer Vielzahl von tropischen Pflanzen befinden sich ein Fitness- und Tanzclub, ein Restaurant und das Actors Studio. Das Projekt trägt im Rahmen der YTL Initiative »Wald in der Stadt« zur Begrünung der Hauptstadt bei.

Formerly the roof of a car park, now the roof garden of a shopping mall: a fitness club, a dance club, a restaurant and The Actors Studio are set amidst lush greenery of overhanging ferns, emerging foliage and a variety of tropical plants. In the context of the YTL's "Forest In the City" initiative the project helps to add green areas to the capital.

Mao, Marilyn and the Big Garden

Singapore Garden Festival, 2009
Installationen
Installations

Paris

The Maple

Sentul Raya, Kuala Lumpur, 2006

Grünflächengestaltung für die Wohnanlage mit 250 Eigentumswohnungen; die Außenanlage mit Wassergräben und Aussichtspavillons geht fließend in den Sentul West Park über.

250 condominium units with moats and ha-has integrated into the 35 acres Sentul West Park.

KL Performing Arts Centre Sentul Park

Kuala Lumpur, 2005

Im Rahmen der Sentul West-Entwicklung entstand eine 16 Hektar große Parkanlage, in welche das KL Performing Arts Centre und ein Koi-Museum integriert sind.

40 acres central park at the proposed Sentul West development with the KL Performing Arts Centre and a Koi museum set amongst the greenery.

Sentul Par

FARAH AZIZAN

Ng Seksan
Der Avant-Gardener

67 Tempinis
Bangsar, Kuala Lumpur, 2004
Einfamilienhaus
Residential

ERSTE SZENE

Arbeiten und spielerisches experimentieren:
Studio, Jalan Tempinis Satu, Kuala Lumpur

Wurzeln hängen vom beschnittenen Blätterdach der Kletterpflanze Cissus nodosa herab und wehen im sanften Wind hin und her. Der grüne Baldachin gibt Schutz vor der Sonne und rahmt den Eingang des Büros, das versteckt in einem bescheidenen Viertel von Kuala Lumpur liegt.

Schritte knirschen auf dem Kiesweg, der zur Tür führt, und kündigen die Ankunft eines Kollegen, Bauherren oder Besuchers an, wecken die Hündin Olive, scheuchen die Hühner im Hof und Uma, den treuen Wächter und Bewahrer der Geheimnisse des Büros, auf. Die schwere Schiebetür öffnet sich und gibt den Blick frei auf den Gartenhof mit der Eugenia spicata, einer Myrtenart, deren Zweige sich wie die gespreizten Finger einer Hand vom Boden zur Sonne hin ausstrecken.

Wir befinden uns in einem offenen Raum ohne Wände. Sonnenlicht wird gefiltert durch Blätter und Äste, es wirft Muster auf den nackten Betonboden. Ganz hinten, unter dem gefleckten Schatten des überwucherten Feigenbaums, der zum Ärger des Nachbarn mitunter übermäßig viele Blätter und Früchte abwirft, steht ein alter Holztisch – schweigender Zeuge von Sonne, Regen, Essen und vielen Gesprächen. Jemand steigt auf nackten Sohlen leise die Treppenstufen aus alten Eisenbahnschwellen zum Büro im ersten Stock hinauf und überrascht uns beim Vagabundieren zwischen dem Entwurf für Pflanzpläne und dem Einstellen von Nachrichten bei Facebook.

Wirres, ungebändigtes Haar. Von harter Arbeit gezeichnete Hände, geschickt und flink. Stellenweise abgeschabte Hosen, die mit Geduld und Liebe immer wieder geflickt wurden, lassen sonnengebräunte Haut durchblitzen.

Indem man die Dinge in ihre Grundbestandteile zerlegt und diese als Ausgangspunkte nutzt, lernt man jedes Element nach menschlichem Maß zu messen. Das trägt zum Verständnis der Natur und der Prinzipien bei, welche die Arbeit von Ng Seksan und seinem Team seit 1994 prägen.

Kontext

Noch im 20. Jahrhundert galt Landschaftsarchitektur als zweitrangiges Fach der Schwesterdisziplin Architektur. Mit ihrer ausschließlichen Konzentration auf Fortschritt, Technik, Ordnung und die Wohnmaschine hatte die frühe Architekturmoderne

in ihrem Bezugsfeld keinen Platz für die organischen Formen der Natur. In dem Maße, in dem der Modernismus in den letzten dreißig Jahren abflaute und aus seinem umfassenden Gestaltungsideal nur der vorherrschende Stil wurde, sind die Grenzen zwischen Landschaftsplanung und Architektur undeutlicher geworden. Die Probleme mit den rigiden Idealen der Moderne verschwanden und allmählich fanden Architekten Zugang zum Verständnis des Kontexts für ihre Gebäude – einschließlich der landschaftlichen Umgebung. Das löste schließlich die starre traditionelle Trennlinie zwischen gebauter und natürlicher Umwelt auf.

Der malaisische Landschaftsarchitekt Ng Seksan stellt mit seinen Arbeiten eine Symbiose zwischen der taktilen, aber oft harten Welt der Architektur einerseits und der Landschaft andererseits her. Mit seiner über dreißigjährigen Berufserfahrung auf dem Gebiet der Landschaftsplanung (unter anderem mit vielfach publizierten Projekten wie dem Sekeping Serendah Retreat oder dem Sentul Park) setzt Seksan seine landschaftsplanerischen Visionen voller Respekt für die Natur und die Schöpfung um. Er will Grünräume schaffen, die, anders als die dekadenten, elitären Schmuckgärten vor zahlreichen Gebäuden in Kuala Lumpur, einen egalitären Lebensstil der Bevölkerung fördern, die einfach und erschwinglich, aufgeräumt, aber nicht allzu perfekt wirken. Ng Seksan fühlt sich verpflichtet, das Land und die Natur so »leichtfüßig« wie möglich zu betreten und zu behandeln, steht den von Menschen gemachten Regeln und Konventionen skeptisch gegenüber und fordert zu gestalterischer Zurückhaltung auf, die sich bewusst macht, wann man eingreifen und wann man alles so belassen muss, wie es ist.

Die Postmoderne gab Architekten und Landschaftsplanern größere Gedankenfreiheit. Eklektizismus, Fragmentierung, Ironie, Witz und die Verknüpfung verschiedener Ordnungssysteme galten nun als zulässig. Mit dieser neuen kreativen Ausrichtung gewannen besonders die Landschaftsarchitekten wieder neues Selbstvertrauen und entwickelten radikale gestalterische Positionen. Allen voran war es Martha Schwartz, die auch Seksan als Vorbild für sein Frühwerk zitiert, weil sie sozusagen im Alleingang die Landschaftsarchitektur konzeptionell neu erfand.

»Ich glaube, die Wende in meinem gestalterischen Ansatz kam durch einen Workshop, an dem ich und Martha Schwartz teilnahmen. Damals, Mitte der 1980er Jahre, fanden wir ihre Arbeiten phantastisch – so erfrischend und anders als alles, was wir bis dahin gesehen hatten, weil sie Bagels und Plastikfrösche als Landschaftselemente

einsetzte. Fast zehn Jahre lang beeinflusste ihre Arbeit meine Projekte, die wir eher aus der Perspektive der bildenden Kunst als aus gärtnerischer Sicht entwickelten.«
(Aus: »Rooted Modernity«, Interview mit Seema Anthony, Journal of Landscape Architecture, Neu Delhi 2011.)

Auch das umfangreiche Œuvre und der umfassende gestalterische Ansatz im tropisch-asiatischen Kontext des srilankischen Architekten Geoffrey Bawa ist offensichtlich von Zeitlosigkeit und einem feinen Gespür für die natürliche Landschaft geprägt. Bawas Schaffen hat maßgeblich dazu beigetragen, Seksan in seinen Idealen und deren Umsetzung in die Praxis zu bestärken. »Ein Gebäude kann man nur verstehen, wenn man es von allen Seiten anschaut, sich darin bewegt und die Modellierung der Räume erlebt, die man durchschreitet (von den Veranden durch die Zimmer, Korridore und Höfe), wenn man von diesen Räumen in die jeweils anderen blickt, von innen in die nahe und ferne Umgebung und von außen wiederum durch die Innenräume in die Innenhöfe. Ebenso wichtig ist das Lichtspiel draußen im Garten und drinnen in den Zimmern – vom schattigen Innenraum bis zum gleißenden Sonnenlicht in einem Hof.«
(Aus: David Robson und Richard Powers, Beyond Bawa. Thames & Hudson, London 2008.)

Seksan wuchs in der etwa 200 km nördlich von Kuala Lumpur gelegenen Kleinstadt Ipoh auf. Ihre Lage im Kinta-Tal mit seinen reichen Zinnvorkommen machte aus Ipoh ein natürliches Wachstumszentrum, das schon zu Beginn des 20. Jahrhunderts aufgrund des Booms im Zinnabbau reich und bekannt worden war. Da die Stadt von Kalksteinbergen umgeben ist und es dort den Fluss Kinta und andere Gewässer gibt, deren Wasser reich an Mineralstoffen ist, war die Vegetation dort stets üppig, was auf den heranwachsenden Seksan einen nachhaltigen Eindruck machte:

»Meine Eltern stammten aus sehr ärmlichen Verhältnissen, besonders mein Vater. Im Alter von zehn Jahren wurde er Waise und musste in der äußerst schwierigen Zeit des Zweiten Weltkriegs und der Besatzung Malaysias durch die Japaner für sich selbst und seinen jüngeren Bruder sorgen. Als er zwanzig Jahre alt war, gründete er einen kleinen Handel mit selbst hergestellter Medizin, und ich verbrachte später viele Wochenenden und Ferien im alten Volkswagen meines Vater und half ihm, in den kleinen Dörfern der Provinz Perak seine Säfte zu verkaufen. Das war nicht langweilig für mich, denn ich lernte die Flussufer, Bäche und Abflusskanäle (die damals alle noch fischreich waren), die Dorfstraßen und Bürgersteige kennen, während ich auf meinen Vater wartete. Ich erlebte auch das Land in den Trocken- und Regenzeiten und weiß noch, dass ich viel Zeit damit verbrachte, aus dem Fenster des VWs zu schauen, um mir

Clouds

Installation, Processing The City

meine Lieblingslandschaft auszusuchen. In späteren Jahren malte ich mir dann mein Traumhaus in den Gummibaumplantagen, auf windgepeitschten grasbewachsenen Hängen oder am Ufer eines türkisfarbenen Baggersees aus.«

Nach 13 Jahren Studium und Berufstätigkeit im beschaulichen Neuseeland kehrte Seksan Anfang der 1990er Jahre in die Heimat zurück und wurde mit den Extremen konfrontiert, die damals auf der malaiischen Halbinsel herrschten: Die natürlichen Biotope und klimatischen Bedingungen des Landes bedeuteten üppige tropische Vegetation auf Lateritböden, heftige Regenfälle, abwechselnd drückende Schwüle und trockene Hitze – alles, was für die Länder am Äquator so typisch ist. Die Bauindustrie Malaysias plagten und plagen nicht nur ökologische und kulturelle Probleme, sondern auch zahlreiche landestypische Schwierigkeiten aufgrund von zu viel Verwaltungsbürokratie. Bauherren verlangen internationale Baustandards der Ersten Welt, die jedoch von Bauunternehmern in Drittwelt-Ländern im Rahmen der dortigen Verhältnisse gar nicht geliefert werden können.

In der lokalen Bauindustrie ist Seksan für seine Fähigkeit bekannt, die Regeln so zu interpretieren, dass diese seine ehrgeizigen Entwürfe realisieren kann. In der Überzeugung, dass gestalterische Grenzen durchbrochen werden müssen, scheut er auch Konfrontationen mit den Behörden nicht. »Ich glaube, meine rebellische Einstellung geht auf meine Aktivistenzeit in den 1980er Jahren als Student in Neuseeland zurück, als wir versuchten, die Welt zu verbessern, indem wir unter anderem gegen das Apartheid-Regime in Südafrika oder die Intervention der USA in Chile und Nicaragua und für Menschenrechte in Malaysia, Singapur und auf den Philippinen demonstrierten. Wahrscheinlich habe ich damals gelernt, mich nicht einfach anzupassen, sondern ungerechte Gesetze und jede aufgezwungene Konvention in Frage zu stellen. Mitte der 1990er Jahre stand ich dann unter dem starken Einfluss von Martha Schwartz, weil sie gestalterische Grenzen überschritt und auf unkonventionelle Weise an landschaftsplanerische Projekte heranging.«

Seksan freundete sich mit Bau- und Gartenbauunternehmern an und bezog sie als gleichwertige Partner in den Entwurfsprozess, das Bauen und Pflanzen ein. Nach konventionellem Verständnis ist die Fertigstellung eines Gebäudes oder eines landschaftsarchitektonischen Projekts wie bei jedem organischen Wesen nur der Beginn von dessen unausweichlichem langsamen Verfall. Materialien altern mit der Zeit, und genau dieser Alterungsprozess ist ein grundlegender Faktor in Seksans Schaffen. Er

Sekeping Serendah

Serendah / Rawangor, 2012

Gästehaus, Urlaubsresort

Guesthouse, Retreat

geht davon aus, dass Alterung nicht verhindert, sondern ständig gepflegt und sogar gefördert werden sollte, damit sie unsere Wahrnehmung um das Erlebnis eines bestimmten Prozesses bereichert. Wo er bei früheren Entwürfen nicht vor grell bunten, schockierenden Kompositionen zurückschreckte, zeugen seine jüngeren Arbeiten vom bewussten Bemühen darum, die Gebäude in natürliches Pflanzengrün einzuhüllen. Er versteckt vieles und zeigt nur das Nötige, indem er strategisch begrünt und pflanzt, um gebautes Menschenwerk und organisch wachsendes Naturwerk symbiotisch zu einem Gesamtkunstwerk zu verbinden.

»Als ich nach Malaysia zurück kam, befassten wir uns zunächst mit den traditionellen Landschaftsformen hierzulande und mit der Frage, wie Landschaft imaginiert werden kann. In Japan oder auf Bali besitzen die Menschen zum Beispiel ein ausgeprägtes Schönheitsempfinden. Es wurzelt in einer kulturellen Weltanschauung, die auch in der Garten- und Landschaftsgestaltung ihren Ausdruck findet. Nach den ersten Studien kamen wir zum Schluss, dass Malaysia – ein relativ neuer Staat – zu jung ist, um eine derartige Tradition zu haben. Deshalb experimentierten wir viel. Da es sozusagen keine Präzedenzfälle gab, denen wir hätten folgen können, blieb uns auch nichts weiter übrig, als versuchsweise neue Ideen in die landschaftsplanerische Szene einzuführen und zu hoffen, dabei etwas in Gang zu setzen, das in den nächsten fünfzig oder hundert Jahren verfeinert und weiterentwickelt werden kann. Wahrscheinlich werde ich es nicht mehr erleben, dass sich eine typisch malaiische Landschaftsarchitektur aus einer Weltsicht und Wahrnehmungsweise entwickelt, die man mit Recht ›typisch malaiisch‹ nennen kann. Das muss heute schon angestoßen werden. Weil wir ständig experimentieren, sind wir nicht mehr so eingeschränkt. Wir können uns einen eklektischen Ansatz leisten und Anregungen aus Ost und West aufgreifen, und zwar aus philosophischer wie historischer Perspektive.« (Aus: ART4d, Februarheft 2010, Interview mit Simon Soon.)

Patrick Blanc realisierte Ende der 1980er Jahre seine ersten komplett begrünten Wände oder »vertikalen Gärten« und begründete damit einen Trend, der sich in der Landschaftsarchitektur vielfach durchgesetzt hat. Als Seksan zum ersten Mal eine Wand von Blanc sah – die der Fondation Cartier in Paris –, war er überwältigt von deren Maßstab und Wirkung im städtischen Umfeld. Sie erinnerte ihn an die Kalksteinberge um seine Heimatstadt Ipoh, deren schroffe Abhänge ebenfalls von üppigem Grün überwuchert sind. Das beeinflusste sein Denken über eine Art der Begrünung

städtischer Bereiche, bei der Pflanzen, Gebäude und deren Interaktion mit den Menschen sozusagen gleichberechtigt zusammenwirken und funktionieren könnten. Dadurch, so meint er, würde die Landschaftsarchitektur nicht länger nur eine rein dekorative Randerscheinung bleiben, sondern gemeinsam mit der Architektur die räumlichen Bedingungen in der Stadt auf ganzheitliche Weise positiv beeinflussen. In Seksans Bauten gibt es inzwischen begrünte Doppelfassaden, welche die Innentemperaturen senken (etwa im Lot 10 Roof Garden) und in jüngster Zeit spielt er mit dem Gedanken, eine vertikale Agrarfläche zu entwickeln, mit der man der Umweltverschmutzung und Klimaerwärmung sowie der drohenden Lebensmittelknappheit entgegenwirken könnte.

Die Frage der Einflüsse oder Inspiration ist für einige Architekten, die ihren Status als Erfinder originärer Ideen eifersüchtig verteidigen, schon immer ein heikles Thema gewesen. In Wahrheit haben sich aber alle Gestalter seit jeher sowohl in der Ausbildung als auch in der beruflichen Praxis Ideen aus früheren Epochen geborgt. Bewusst oder unbewusst absorbiert jeder Gestalter, was in sein eigenes Konzept passt, und verwirft, was eben nicht hineinpasst. Architekten und Landschaftsarchitekten filtern ihre Beobachtungen, beschreiten dadurch neue Wege, entwickeln Ideen, Methoden und Prozesse und sorgen so dafür, dass Inspirationen und Einflüsse von Generation zu Generation weiterfließen.

ZWEITE SZENE

Wurzeln, Lufträume und Schatten:

Sekeping Serendah, Serendah

Die Fahrt zu diesem hoch gelobten und vielfach publizierten Rückzugsort im Dschungel führt durch eine idyllische Landschaft von eigenartigem Reiz. Während ich dies schreibe, wird der Komplex gerade erweitert. Was zunächst nur als ein kleines Wochenendhaus aus Glas für eine Familie geplant war, ist inzwischen zu einem Ensemble aus zwei Glashäusern, zwei Holzhäusern im malaiischen Baustil, zwei Lehmhäusern und der aktuellen Erweiterung angewachsen. Bei Letzterer handelt es sich um zwei Fachwerk-Lagergebäude einer ehemaligen Eisengießerei, die hier im Dschungel in den Gebirgsausläufern von Serendah wiederaufgebaut werden.

Sekeping Kong Heng
Ipoh, 2011–2012
Gäste-, Kaffee- und Gemeinschaftshaus
Guest- and Coffeehouse

»Sekeping Serendah stellt eine Reaktion auf die rücksichtslose Art des Bauens durch Abriss, Brandrodung und Verfüllung von Geländemulden dar, die in diesem Teil der Welt betrieben wird. Es ist unsere persönliche Demonstration, die zeigt, dass wir das Land auf sensiblere Weise bebauen können. Beim Bauen auf diesen steilen Hängen voll üppiger Vegetation geht es um Respekt vor Land und Erde. Mit Sekeping Serendah feiern wir alles, was Gott uns so großzügig geschenkt hat – Himmel, Bäume, Wasser, Vögel, Schlangen und Insekten. Dieser Kontext ist bedeutender als die Gebäude. Die sind eher Zufallsprodukte und dienen eigentlich nur als komfortable Schutzhütten für dieses ›Feiern der Natur‹. Mit Sekeping Serendah ist der Versuch geglückt, Intention und Ausführung zusammenzubringen; es ist unser kleines Experiment, um den Worten auch Taten folgen zu lassen.« (Aus: CUBES, Heft 007, 2004, Interview von Abdul Aziz Draim.)

Das Sprichwort der Aborigines – »Berühre die Erde nur leicht!« – spielt in Seksans Schaffen eine Hauptrolle. Seine Entwürfe festigen die enge Beziehung zwischen der gebauten und der natürlichen Umwelt. In der Theorie ist das eine romantische Vorstellung, in der Praxis erfordert die Begehung des Baugrunds aber körperliche Anstrengung, Sensibilität für die Natur und die genaue Beobachtung der spezifischen Bedingungen des Ortes wie Lichtqualität, topografische Verhältnisse, vorherrschende Luftströmungen, Sonnenverlauf. Es geht um die Frage, wo der erste Grundstein des architektonischen Eingriffs platziert werden soll, und das erfordert Spontaneität und Begabung. Für Seksan betrifft das Sprichwort der Aborigines nicht nur physisch konkrete Eingriffe, sondern – in Erweiterung der Philosophie, die in Serendah umgesetzt wurde – den Prozess der Heilung der Natur und die Konsolidierung von Idealen und Grundsätzen im Leben und in der Landschaftsarchitektur.

DRITTE SZENE

Licht, Raum und Luft:

Kong Heng Hotel, Ipoh, Provinz Perak

Im heruntergekommenen, verschlafenen Stadtzentrum von Ipoh steht ein imposantes dreistöckiges Gebäude, dessen sonnenverbrannte Fassade verschiedene Farbtöne aufweist, von Ocker und Ultramarin bis Meerschaumgrün. Das alte traditionelle chinesische Kaffeehaus im Erdgeschoss ist seit Generationen eine lokale Institution.

Der Duft von frisch gebrühtem weißen Kaffee, einer lokalen Spezialität, durchzieht die frühe Morgenluft inmitten einer Kakophonie von klappernden Töpfen, Geschirr und dem üblichen Geplänkel der Straßenverkäufer mit ihren Kolleginnen.

Mit dem Verfall der Weltmarktpreise für Zinn und der Schließung der Zinnbergwerke Ende der 1970er Jahre hörte Ipoh auf zu wachsen. Viele Einwohner zogen in andere Landesteile, vor allem in Großstädte wie Kuala Lumpur oder Singapur. Ipoh blieb als leere Hülle vergangener Geschäftigkeit zurück. Das im neoklassizistischen Kolonialstil errichtete Gebäude des Kong Heng ist ein Zeugnis für das kulturelle und zum Teil auch dekadente Leben der Stadt, denn es war früher ein Gästehaus für Schauspieler. Seksan und seine Partner kauften den Altbau, um ihn zu erhalten; um ihn umzunutzen als öffentliches Mehrzweckgebäude inklusive Frühstücks-Pension für Touristen und Angehörige von Einwohnern, um ihn mit neuem Leben zu füllen und dadurch auch die Altstadt wiederzubeleben. Dieses persönliche Engagement war eine gezielte Maßnahme, aus Kultur auch wirtschaftlichen Nutzen zu ziehen und mittels einfühlsamer Architektur und Grünflächengestaltung den Rahmen für eine Stadt- und Immobilienentwicklung nach menschlichem Maß zu schaffen. So entsteht ein Raum für soziale Interaktionen, der ein neues Erscheinungsbild für die Stadt Ipoh initiiert.

Die Hülle des Altbaus wurde nahezu unverändert erhalten, einschließlich des charmanten Kaffeehauses. Das erste Obergeschoss wurde umgebaut. Es entstanden acht großzügige Schlafräume beiderseits eines schwach beleuchteten Korridors, der an die Vergangenheit des Gebäudes erinnert. Die Zimmer dagegen sind und wirken überraschend hell und groß. Weil die Wände nicht neu gestrichen wurden, vermitteln sie einen Eindruck von den historischen Spuren des Gebäudes. Der Raum im Dachgeschoss ist überdimensional groß. Sonnenlicht strömt durch die alten Fenster, die knarren, wenn man sie öffnet. Beim Eintritt verwirren den Besucher die perspektivischen Sichtachsen durch das Dachgestühl mit den dazwischen aufgehängten Schlafboxen aus Glas, die dem großen Raum dramatische Wirkung verleihen. Im neuen Anbau befinden sich ein Café, eine Wohnung und ein offener Gemeinschaftsraum.

Seksan erhofft sich, dass dieses Projekt die Erneuerung der Altstadt von Ipoh nach sich ziehen wird. Zu seinem Engagement für nachhaltige Stadtentwicklung, den er zusammen mit Gleichgesinnten realisieren will, gehören auch der Umbau des alten Lagerhauses neben dem Kong Heng zu einer Kochschule für benachteiligte Jugendliche sowie das Projekt eines Fairtrade-Marktes als Versuchsraum für den Verkauf von

lokal erzeugtem Kunsthandwerk. Der Markt soll auf dem Flachdach des Lagerhauses stattfinden – neben einem »Stadtbauernhof«, der die Nahrungsmittelproduktion vor Ort steigern und außerdem als passives Kühlsystem für die darunterliegenden Räume dienen soll. Die Tatsache, dass die moderne Stadt in hohem Maße zur Schädigung der Umwelt beiträgt, hat den Wunsch und den Willen geweckt, sie durch verschiedene Formen städtischer Landwirtschaft zumindest teilweise zum Nutzen der Einwohner zu sanieren. Die Einführung landwirtschaftlicher Produktion in die Stadt ist ein spannendes Thema, das man anhand von historischen Vorbildern wie etwa Machu Picchu bis hin zu Projekten für produktive neue Stadtfarmen studieren kann.

SCHLUSSFOLGERUNG

Entwerfen für die Mehrheit der Bevölkerung

Die neue Landschaft, die Seksan entwickelt, ist pluralistisch, umfassend und einschließend. Sie bezieht sich auf vielerlei Quellen und Fachdisziplinen, was sich an den Arbeiten aufstrebender Landschaftsgestalter aus verschiedenen Berufsfeldern – Architektur und Landschaftsarchitektur, Ingenieurwesen, bildende Kunst, Städtebau und Umweltschutz – ablesen lässt. Es ist dieses Zusammenwirken unterschiedlicher Gestalter mit einem kreativen Sinn für das Gemeinwohl, das Seksan, der zwar ausgebildeter Gartenbauingenieur, aber seinem Wesen nach ein Künstler ist, in seine Arbeit einbringt. Auch weil er weiß, dass Landschaftsarchitektur prinzipiell mit dem globalen Ökosystem verbunden ist und einhergeht mit dessen Aneignung von Ort und Kontext.

Obwohl er die meiste Zeit seines Lebens im Chaos der Großstadt Kuala Lumpur verbracht hat, ist Seksan ein Kleinstadtmensch, der die schönen kleinen Dinge sieht und zu schätzen weiß, an denen andere achtlos vorbeigehen – Dinge, die wir für selbstverständlich hinnehmen und erst schätzen, wenn sie verschwunden sind. Er hat einmal gesagt, er genieße das Einfache. Wenn er heute mit seinem Laptop an seinem mit Zeitschriften, Büchern und Einladungskarten überhäuften Tisch sitzt, sieht er eine Welt, in der Design nicht nur für die Eliten da ist, sondern – und das ist wichtiger – für alle. Er scheut sich, auf die Frage zu antworten, was er als Erbe hinterlassen will, da er diesen Begriff mit Egozentrik assoziiert. Er spricht lieber von Hoffnung, Hoffnung für die Zukunft. Nach über 15 Jahren Berufspraxis weiß er nur zu gut, was

die Eliten aus unserer Welt gemacht haben. Der wirtschaftliche Konkurrenzkampf ist ein Wettstreit, der nicht ohne größere Verluste gewonnen werden kann. Seksan hofft, dass diese Erkenntnis in Stadt- und Landschaftsplanung ein Umdenken herbeiführen wird. In seiner unorthodoxen Auffassung von Erfolg stellt er sich eine Welt vor, in der die Entwicklung und Geschichte des Gemeinwesens Vorrang hat: »Für die Zukunft hoffe ich, dass mehr Gestalter auf ihre jeweils eigene Weise unkonventionelle Lösungen finden, um unsere gebaute Umwelt zu verbessern, und dass gutes Design nicht nur bedeutenden, sozusagen elitären Entwicklungen oder Produkten vorbehalten sein wird, sondern allgemein Eingang in die Massenproduktion für die Mehrheit der Bevölkerung findet.«

FARAH AZIZAN (*1978, Kuala Lumpur) schloss ihr Studium an der Nottingham University, UK, mit dem Bachelor-Titel ab und erhielt ihr Diplom in Architektur an der Architectural Association, London. Im Anschluss an ihre Promotion im Jahr 2004 arbeitete sie bei Tonkin Liu Architecture, Art, Landscape in London, nach ihrer Rückkehr nach Kuala Lumpur bei Seksan Design. 2011 eröffnete sie mit ihrem Partner Adela Askandar ihr eigenes Büro, das Studio Bikin, mit dem sie interdisziplinäre Projekte in den Bereichen Architektur, Landschaftsplanung und Design realisiert.

KEN YEANG, Gyeong-Gi Complex, Seoul, 2010

ON STAGE: NATURE

IRIS LENZ, Head of ifa Gallery Stuttgart

Our civilisation is reflected by a nature that is threatened, polluted and shattered; images of "pure, beautiful, genuine" nature traditionally portrayed as idyllic and escapist spaces in landscape painting, are now used almost exclusively in advertising to convey an illusion. Given the economic and political interests that determine our treatment of nature all over the world, artists nowadays have a tendency to address nature primarily as a medium through which they criticise civilisation: they unmask false paradises, record the consequences of improper developments and disasters that have been forgotten or hushed up, create awareness for ecological problems or reproduce nature by using artificial elements. They question the way in which we treat nature as a man-made concept, a cultural construct like any other idea.

After addressing the urbanisation of the world in the "Urban-ReViews" series, looking at mega-cities such as Moscow, Lagos, Istanbul, Cairo or Seoul from various architectural, urban, sociological and artistic angles, the ifa Galleries Stuttgart and Berlin are addressing nature as a counter-concept to the city in the "On Stage: Nature" exhibition series. In the first three exhibitions we selected three aspects as examples from a large range of possible themes which would have been almost impossible to cover fully in this context.

Water as one of the four elements, as a natural and a raw material, the basis of life, a myth and a symbol, but also an explosive political issue especially in Africa and the Middle East, was central to the "Water: Misery and Delight" exhibition. The "Dancing on the Volcano" exhibition investigated the ways mankind handles nature and landscape. Poison, gas and rubbish stand for environmental pollution and for disasters like Chernobyl, which usually concern us for a few weeks and are then forgotten. In addition to scientists, artists also examine the consequences of these policies in nature and society. In the exhibition "Paradise is Elsewhere" which examined critically artificial paradises, the visions that engage with and unmask our everlasting desire for the Garden of Eden, artists from the Asia-Pacific region asked the question that was the title used by Anna and Bernhard Blume for one of their photo series twenty years ago: "Back to nature, but how?"

"Post-Oil City. The History of the Future of the City", our fourth exhibition in the series, was presented in cooperation with ARCH +, the magazine for architecture and urban planning. We tackled the question as to how our cities, where half of the world's population lives today, can be made not just "greener" and more sustainable in future, but also better places to live in. With "Green Buildings, Tropical Gardens" when we zoom close into the city, we do not just ask how the cityscape can be rethought, redesigned and reshaped towards becoming more sustainable as a whole – as seen in planning for new cities like Masdar City in the United Arab Emirates. We also discuss the "small details", a single building, a garden, or a park.

GREEN BUILDINGS, TROPICAL GARDENS

A "back to nature" for the future of architecture and landscape planning does not only concern planners in Germany and other Western industrial nations. Architects in or from transforming and developing countries are of course, too, looking for solutions that meet the requirements posed by dwindling natural resources, climate change and population growth, while at the same time seeking to guarantee a high quality of life. In tropical regions the solutions clearly have a different outlook than in other climate zones. Unlike European cities, Kuala Lumpur features a highly dense city centre with a large number of steel and glass skyscrapers. The best-known ones are the two Petronas Towers, the landmark of Malaysia's capital with its 1.5 million inhabitants. The metropolis is shaped by numerous agglomerations of densely packed blocks and high-rise settlements, lying like islands in the thick tropical rain forest. The forest grows, proliferates and takes possession wherever it is not permanently cropped, cut back and held at bay. Only a few older city quarters or small towns around Kuala Lumpur are still based on the traditional structure of the village centre and settlements of detached houses. Tiny paradises, dwellings with interior courtyards, water basins and trees lurk behind small front gardens, walls and gates. Creeping plants and redolent, blossoming bushes cover the terraces in greenery and create an indoor climate, quite comfortable without air conditioning.

Even when architects and landscape planners work in distinct cultures and climate zones and find different solutions for ecological and sustainable building and design, their approaches have now become truly global. The exhibition "Green Buildings, Tropical Gardens" looks at Southeast Asia and particularly at Malaysia and Indonesia, which experienced rapid economic growth in the 1980s and 1990s. We have selected three pioneering positions on sustainable building, planning, thinking and living that are exemplary for a trend that is not always easy to follow and implement. In Southeast Asia, just as in Europe, most investors and clients are reluctant to accept future oriented solutions that concentrate on the people living in buildings instead of on the returns on investment. In some, but by no means in all cases the resulting designs may be more expensive.

Architect Ken Yeang, was born in 1948 in Penang/Malaysia and studied in London and Cambridge. He maintains offices in both Kuala Lumpur and London. Back in the early 1970s he explored traditional Malaysian building types and also researched in the field of green architecture. He developed passive houses and is seen as an initiator of "bioclimatic skyscrapers". One of his pioneering publications is titled "Reinventing the Skyscraper: A Vertical Theory of Urban Design". He is convinced that particularly in cities it will be necessary to build more and more dense and high structures so as to counteract the sealing-off of large surface areas. He also endeavours to improve the quality of life in skyscrapers. They are not only interspersed with vegetation but are conceived as low- or zero-energy buildings. The design process begins with comprehensive climate and biodiversity studies, aspiring to build in a way that allows for optimal use of sunlight and wind. In his latest projects Ken Yeang aims to design these "vertical cities" to be as autonomous as possible. He looks at energy generation, rainwater usage and farming areas that have the potential to contribute greatly to self-sufficiency. Biodiversity should also be retained in the shape of the horizontal, diagonal and vertical green areas. Yeang is particularly interested in design as investordriven architecture has become too arbitrary and monotonous, especially for skyscrapers. He emphasises that architectural formal idioms play a major role in the quality of life and work in vertical cities with fifteen storeys and more.

While Ken Yeang uses basic research and the latest techniques in building skyscrapers incorporating "green", ecological and sustainable design, the renowned Malayan landscape planner Ng Seksan works in the horizontal dimension. Seksan studied in New Zealand and started to freelance in Kuala Lumpur in 1994. Since then he has designed many private gardens, parks and public spaces. His early plans for large offices or dwelling complexes were still strongly influenced by an international contemporary style, but later he moved further away from a wish to "design" nature and landscape.

Sentul West Park in Kuala Lumpur, a relatively early project, features an almost seamless transition between designed and areas left all-natural. In his current projects, in particular in Sekeping Serendah, a small holiday resort in the tropical forest of Rawang in the federal state of Selangor, Seksan leaves nature as untouched as possible. His interventions with small clay buildings, as well as steel and glass, are kept down to a minimum. Life in and with nature and in the community is more important to Seksan than designing nature. Taking traditional ways of life and building in Malaysia as a starting point, and being influenced by political, economic and social developments that he looks upon critically, Seksan finds his way "back to nature" as a successful landscape designer.

The Green School in Bali, Indonesia, is also based on the belief that designing our environment, whether in the form of high-rise buildings or landscape, greatly influences the lives of people, and the ways they think and act. Fast growing local bamboo is used as a building material. We have not only selected this project because it uses exclusively natural materials, but also because of its underlying anthroposophical view of the world. Children there are provided with outstanding education and training by international standards, also being introduced to an attitude to life that is based on a holistic approach to thinking and acting in accordance with nature.

The methods which Ken Yeang, Ng Seksan and the Green School employ may be very different, but their approaches are similar. In their own contexts, Yeang, Seksan and the Green School all seek to shape the immediate environment in a way as to meet the challenges of the twenty-first century—the threat of dwindling natural resources, population growth, continuing destruction of the environment and the relevant ways of living and thinking in a highly industrialised, globalised world defined by growth and technological development. "Green Design" is more than just the planning of buildings and gardens. "Green Design" is consistent thinking, planning and educating for the future—in Kuala Lumpur and Bali, in New Delhi, Singapore, London, Stuttgart and Berlin.

I would like to express special thanks to Ken Yeang and Ng Seksan for agreeing to take part in this exhibition project by the Institute for Foreign Cultural Relations and for their generous investment of so much time and energy. I also thank Ben Macrory and Miska Lail, who provided material and information on the Green School, the two authors Lucy Bullivant, London, and Farah Azizan, Kuala Lumpur, for their texts. Ted Byron Baybutt, Chasing The Bear Limited, London provides us with his new film on Ken Yeang. I thank Philippa Walz for the catalogue design and Ernst J. Wasmuth for his cooperation in publishing the catalogue. The work and commitment of staff at the Stuttgart ifa Gallery made this exhibition and catalogue possible and I thank Stefanie Alber, Valérie Hammerbacher, Rainer Koch and Anton Berndt, and also our interns Laura Cohen, Petra Eisele, Karolin Kruse, and Daen Huse, and the exhibition installation team Armin Subke and Hans Pfrommer. I thank Wüstenrot Stiftung for the support which enables us to realise lectures and art education programms. I also warmly thank the German Foreign Office for supporting our work in the context of international cultural and education policy. Thanks to this support from the Foreign Office, the ifa Galleries in Stuttgart and Berlin are able to consistently contribute to a living and creative dialogue with long-term benefit.

ECOARCHITECT KEN YEANG

LUCY BULLIVANT

Accepting that climate change is a pivotal challenge to address has been a slow process for many societies, as "The Anatomy of a Silent Crisis", a report by the Global Humanitarian Forum in Geneva, stated three years ago. In the introduction, Kofi Annan, President of the Forum, says, "in industrialized countries, climate change is still considered a solely environmental problem. It is seen as a distant threat that might affect our future. A viewpoint reinforced by pictures of glaciers and polar bears —not human beings."

The ecoarchitect Ken Yeang has brought about a paradigm shift in green design and the way in which we regard its performance for better user comfort. He designs cities and their built environments as artificial ecosystems, seeking a seamless and benign biointegration with the natural environment. This differentiates his work from other ecodesigners and he contends that "it is the failure to successfully biointegrate that is the root cause of all our environmental problems."

For nearly four decades, acontinuous flow of books and lectures has provided a living testament of his commitment to the field. He has consistently pioneered innovation in ecological, bioclimatic and energy efficient architecture, integrating the built form with its surrounding ecology. Using climate responsive principles and passive mode features for energy efficiency as part of pleasurable and meaningful social environments, Ken Yeang buildings are designed to minimise disruptions with adjoining ecosystems in order to maintain a sensitive ecological balance. They are often designed as a series of constructed habitats that include green walls and vertical landscaping that improve local air quality and enhance biodiversity. By designing with climate in mind he brings a new dimension, a vivid green aesthetic to his work.

Manifestations of ecological architecture vary, but Yeang's approach is authentic and distinct. His aesthetics emerge from his theories, inventing novel technical devices, and interpreting his ecodesign ideas into built form in a constant cyclical process of exploration. The large number of buildings he has completed over a period of 35 years of practice in over 20 countries worldwide have provided him with the opportunities to evolve several ecological architectural features of his own invention: the bioclimatic, climatic-responsive skyscraper; the green ecoinfrastructure that maintains an ecological nexus with the landscape using the "ecobridge" and the "eco-undercroft"; employing different ways of vertically landscaping his built forms; the "eco cell" to bring the landscape deep into the lower parts of built forms, as well as other ecological features. The blending of building as landscape, both horizontally and vertically, into a system is a predominant, innovative aspect of his work. He compares his composite systems of architecture and nature with a prosthesis, with the eco-systems of nature as the human host of a built environment which is only temporarily physically and systematically bio-integrated.

Ecologically advanced architecture is an endeavour that requires far more than the tacit knowledge and simulation studies practitioners habitually apply. Today's growing green consciousness among consumers is now matched in architectural practice by extensive applications of sustainable design criteria and measures. However, the expanding range of initiatives, for example, for the recycling of waste and building materials across the world, is not yet reflected by sufficient innovation in green buildings by architectural practitioners working in different cultures. Yeang believes that this is a variable craft based on positive and restorative planning measures contributing beneficially to the world's ecosystems. His focus on energy saving, environmental issues and green infrastructure planning has set him apart from the mainstream concerns of the architectural profession.

After training as an architect at the Architectural Association, London (1966–9), Yeang studied ecological land use planning at the Department of Landscape Architecture of the University of Pennsylvania under Professor Ian McHarg. At Cambridge University, working on his doctoral research on ecological design, his tutor was architect John Fraser, and among his topics of study was environmental biology which subsequently became the central focus of his work. On completing his PhD studies in 1974, Yeang returned to Kuala Lumpur and began building initially smaller corporate projects, and from 1979 large residential and tall building schemes. In 1975 he set up a practice with Tengku Robert Hamzah, with whom he had studied at the Architectural Association.

At the time, despite the groundswell of ecological thinking of the late 1960s, there was a lack of interest in ecological design and an almost non-existent interest in issues of environmental degradation by society and how design might respond to this. In the 1970s although Critical Regionalism adopted a phenomenological approach to place, green design was not on the agenda for most architects. But Asian architects were determined to evolve a new cultural identity, and with Hamzah, Yeang sought out ways to implement green design principles. He recognised that even if they could not do this in its entirety or comprehensively, they could achieve it in part as a structural armature that would enable future subsequent upgradings to a greener building system.

Yeang realised that he needed to adopt an approach to design that introduced green principles that would also appeal to conventionally minded clients in the private and public sectors in Malaysia and further afield in Europe. In the face of widespread lack of awareness by the industry, he consistently maintained that the bioclimatic approach was best as a low energy and critically regionalist design strategy. The architectural team responds to local climatic factors irrespective of where the site is. That response enables them to shape and configure the built form and design its architectural component systems. These climate-related strategies optimise the ambient climatic energies of a specific location, taking into account seasonal variations.

He regards bio-climatic design as simply one aspect of green design. It results in a passive-mode, low energy built form, a good and obvious initial strategy for green design. This drove several series of Yeang and Hamzah's work. Their arguments in favour of bioclimatic design claimed the superior robustness of the passively low energy built form over other solutions, because it remains user viable in the event of power failures. It also provided a "scaffold" enabling subsequent ecodesign enhancements, for example, the adoption of mixed-mode systems and other full-mode automated energy saving systems.

Yeang's own emblematic house, the Roof-Roof-House (1985), was his first opportunity to break the mould in both design and technical resolution. It advanced conventional bioclimatic design as a passive-mode, low energy design through experimental design. In line with its name, a second louvered roof keeps the building and spaces below cool; the swimming pool serves as an evaporative-cooling device for the adjoining living spaces; edge wind-walls between the building and its side walls at the ground plane drive wind into the ground floor interiors, providing cross ventilation across them. Since those early days Yeang has continued to experiment, evolve and widen the aesthetic possibilities of his schemes, a number of which were designed in a related series; others, individual buildings in Malaysia, further afield in the Far East and beyond. Some had more developed eco aesthetics, others less.

In 2005 he joined forces with the London-based Llewelyn Davies which has repositioned itself as Llewelyn Davies Yeang (LDY). The move enabled him to bring his professional output and academic endeavours for signature green design and planning solutions to a wider audience. By the 2000 clients were turning increasingly to sustainable solutions and green design that has become part of mainstream architecture.

Many of Yeang's schemes are large structures incorporating judicious greening and landscaping. He designs a green "ecoinfrastructure", both vertically and horizontally, for all his projects as well as the layout patterns, with colleagues assisting on the selection of species, planter construction details, irrigation and drainage systems, the design of bioswales, retention ponds and harvesting and water management systems that seek to close the loop.

His new breed of bioclimatic skyscrapers vary in space planning, context and range of strategies. But all address the potential of tall green buildings, rejecting the energy-inefficient and totally synthetic inorganic nature of conventional towers, many harmful to the environment. Moreover, his designs combine the hard (constructional elements) and the soft (landscape) throughout, extending the soft in a related way across the building's ground plane. Internally, Yeang applies a wide range of green strategies: evaporative cooling walls, "wing walls" for natural ventilation and "eco cells" for vertical integration, bringing daylight and natural ventilation into the lower areas of the building.

The Solaris building, for example, in the Fusionopolis research and business park of central Singapore's pioneering One North district of Singapore (a master plan by Zaha Hadid Architects), has over 8000 m^2 of vertical landscaping. This exceeds the size of the site (7734 m^2), making it a very advanced example of a vertical landscape embedded building. Its two blocks are separated by a large and naturally ventilated central atrium spanned by a series of sky bridges connecting them. The predominant feature is its vertical linear park, which is a continuous 1.3 km long spiral landscaped ramp that extends the park across the building's façade, connecting an escalating sequence of roof gardens with sky terraces interpenetrating the building's façade. The building features a novel solar shaft cut through the upper floors, sensor-driven lighting, natural ventilation, extensive sun-shading louvers and a rainwater collection and recycling system. Solaris exceeded the Singapore Government's Building Controls Authorities (BCA) Green Mark Platinum rating, its top sustainable building benchmark.

The Spire Edge Tower in Manesar, Gurgaon, India, has a similarly continuous crisp green vegetation ecoinfrastructure that extends from the ground level of the IT Park up through green walls and ramps to the top of the building. The vegetation has to be well maintained. The building serves as a refreshing metaphor of man's ability to protect and interact with nature through a benign application of green technologies. Yeang does not hide his greening in an engineering-driven approach. Conspicuous green lung spaces in the form of landscaped garden terraces exploit the passive energy systems. The building and its IT Park is India's first sustainable complex with a green bioclimatic skyscraper and promotes local investment in green engineering infrastructure. The tower is a Grade A+ office building that is 30 % more resource efficient. It has an intelligent, eco-sensitive system that mimics the processes of nature. The tower fits into the vaastu Indian geomancy tradition that works on the cyclical principles of adaptive nature and energy flow.

Yeang was the first architect to use green ecoinfrastructure as continuous vertical landscaping in skyscrapers in Malaysia and elsewhere. The greening of towers has become quite common now, but few apply the continuous ecological nexus as Yeang does in his built forms. This was the case especially in Singapore after the completion of the National Library in 2005. A building with 40 metre high sky courts containing 3 metre high trees received the Green Mark Platinum rating (Singapore's equivalent of LEED). His 2007 competition entry for the Bank of Investment and Development Tower in Vietnam, for example, has a cohesive set of strategies for space and function, structure, climate sensitivity, vertical circulation, wind and ventilation, ecology, urban master plan and iconicity. His most recent design, the Mital Clinical Building on Great Ormond Street in London's Bloomsbury district, may well be the greenest hospital in the UK. The DiGi Data Centre, Selangor, Kuala Lumpur (2010), demonstrates maturation in Yeang's ecological aesthetic, with a higher level of green features and a deeper biointegration than before. The building has a bioswale for sustainable drainage, living green walls that filter the air before entering the building, enhancing its internal air quality, reducing solar gain and decreasing local CO2 amongst other green features.

Although sympathetic to the idea of organic architecture, Yeang's buildings are not organic in the traditional sense: his is a discriminating pursuit of an ecological aesthetic. Ecomimicry can provide the designer with existing models in nature upon which a design can draw analogously and as inspiration, but he is aware that if done superficially, the result is a mere metaphor of a physical systemic function.

There is an urgent need to ecologically future proof the world. Yeang has transformed the potential relationship between the human built environment with the natural environment by putting into practice his belief that architecture has a metabolism analogous to that of nature. Recently named (by The Guardian newspaper) as one of the fifty people who could save the planet, the impact of his work as architect, author and spokesperson has made a contribution to the visionary enrichment of the holistic life of cities. His extensive range of built work lends great credibility to his approach to ecological design.

LUCY BULLIVANT Hon FRIBA is an architectural curator, critic and author. She was elected for an Honorary Fellowship of RIBA in 2010. She has worked internationally with leading museums, galleries, cultural institutions, publishers and corporate bodies since 1987. She has curated a wide range of ground-breaking and successful exhibitions and published with Thames&Hudson, Princeton Architectural Press and DVA. She contributes to Domus, The Plan, a+u, Volume, Architectural Record and Indesign, some of the world's most authoritative international architectural magazines.

KEN YEANG
THE FOUR ECO-INFRASTRUCTURES

Clearly, green design has now entered the mainstream of architecture. Ask any architect today about green design and you will get the same response – use of renewable energy systems (such as photovoltaics, wind generators, etc.), compliance with accreditation systems, carbon profiling, planning as new urbanism, etc. Is this all there is to green design?

The contention here is that achieving effective green design is much more than the above and that green design is not what has been presented. It is complex. While still incomplete, there are a number of design strategies that can be adopted in combination to arrive as close as we can to the goal of achieving a harmony of our built environment with the natural environment.

The first design strategy is to consider green design in terms of the weaving of four strands of ecoinfrastructure into a whole, colour coded here as follows:

GREEN: ECOLOGICAL SYSTEMS
The green ecoinfrastructure or nature's own utilities which must be linked

RED: HUMAN SYSTEMS AND QUALITY OF LIFE ISSUES
Our human built systems, spaces, hardscapes, society, legislative and regulatory systems

GREY: ECO-ENGINEERING AND CLEANTECH SYSTEMS
The engineering infrastructure being the eco sustainable cleantech engineering systems and utilities

BLUE: SUSTAINABLE WATER SYSTEMS
Water management and closing of the water cycle by design with sustainable drainage

Green design is the seamless and benign blending of these four sets of ecoinfrastructures into a single system. This concept provides a platform for green design. Like the factors in DNA (discovered by Crick and Watson) which reduce a complex concept into four simple sets of instructions, these four sets of ecoinfrastructures and their integration provide the integrative bases for green design and planning.

Green Infrastructure

FEATURES	SYSTEMS
Biodiversity enhancement	Ecological land use survey, species research and assessment
	Establish biodiversity index and targets
	Habitat creation/exchange
	Use of native plant species
Ecological nexus	Continuous greenery strategy
	Ecological corridors, bridges and undercrofts
	Basement eco cells
	Sky-rise greenery systems
	Green ramps, green walls, skycourts and balconies
	Constructed wetlands
Planning sustainable sites	Adjacency to sensitive ecological habitats
	Infill development
	Reuse and retrofit of existing buildings and structures
	Brownfield rehabilitation and development
	Efficient and bioclimatic building location and layouts
	Access to community amenities
	Appropriate development density intensifications
	Access to transportation
Environmental management	Landscaping for erosion control
	Site preservation and restoration
	Reduce habitat disturbance during construction
	Earthworks – construction activity pollution control
	Conservation strategies
Sustainable construction practices	Construction waste management plan
	Worker's site amenities
	Construction IAQ management plan
	Environmental protection, silting and erosion prevention
Reduction of heat island effect	Maximise open spaces and site greenery
	Extensive and intensive green roof systems
	Vegetated green walls
	Solar reflecting hardscape materials
	Increased tree canopy

Red Infrastructure

FEATURES	SYSTEMS
Bioclimatic “low-energy” design	Building orientation and configuration
	Use of passive, mixed-mode, composite-mode systems
	Natural ventilation, heating, cooling
	Windows that can be opened
	Light shelves for optimisation of daylighting
	IES and/or CFD ventilation analysis
	Wind walls and scoops
	Solar sun screens
Sustainable transportation concept	Pedestrian accessibility and design
	Proximity to amenities (for pedestrians)
	Public transportation access
	Bicycle parking, changing rooms and showers
	Alternative transportation facilities
	Carpool/vanpool priority parking
	Green vehicle priority parking
	Electrical vehicle charging stations
Indoor environmental quality	Minimum indoor air quality performance
	Use of low VOC materials
	Environmental tobacco smoke (ETS) control
	Carbon dioxide monitoring and control
	Design of chemical storage areas
	Architectural entranceways
	Mould prevention
	Thermal comfort: controllability of systems
	Air change effectiveness – raised floor system
	Daylight glare control
	Maximise external views
	Internal noise levels
Conserving materials and resources	Use of recycled content materials
	Material reuse and selection
	Use of local materials
	Elimination of CFCs and HCFCs
	Elimination of persistent bio-accumulative toxins (PBTs)
	Elimination of carcinogens or reproductive toxicants
	Storage and collection of recyclables
	Sustainable timber – use of certified forestry products
	Design for disassembly

Lifestyle, education and legislation	Recreational opportunities: rooftop gardens and events
	Food and diet – building integrated agriculture
	Onsite childcare facilities
	Green corner – educational display of green features
	Green legislation
	Green business practices, manufacturing and production

Grey Infrastructure

FEATURES	SYSTEMS
Energy efficient heating/ cooling systems	High performance façade: low-E/DGU systems
	High efficiency low NOx gas boilers
	Variable speed motors
	Inverter driven pumps and fans
	Solar sun screens
	Use of passive and mixed-mode systems
	Windows that can be opened
	Thermal mass optimisation (no carpets or ceilings)
	Suspended multi-service chilled beams
	High levels of insulation
	Heat recovery system
Energy efficient electrical systems	Energy efficient T5 and LED lighting systems
	High frequency electronic ballasts
	Optimised lux level lighting design for offices
	Lighting zoning and task lighting
	Automated daylight sensors
	Motion sensor for toilets and staircases
	Electrical sub-metering
	Power factor correction and voltage optimisers
	Use of energy efficient office equipment
	Solar hot water system
	Integrated building management system
Advanced commissioning	Post occupancy commissioning
	Electrical efficiency verification
	Green building user manual
Renewable energy sources	Micro wind turbines
	Rooftop and building integrated photovoltaic arrays
	Ground-source heating/cooling
	River water (canal) heating/cooling
	Biomass boilers

Sustainable transportation systems	Public transportation access
	Bicycle parking, changing rooms and showers
	Alternative transport facilities
	Carpool/vanpool priority parking
	Green vehicle priority parking
	Electrical vehicle charging stations

Blue Infrastructure

FEATURES	SYSTEMS
Water conservation	Low-flow and automated sanitary fixtures
	Waterless urinals
	Leakage detection monitoring
	Water sub-metering linked to BMS
	Water conserving cooling towers
	Water efficient landscaping
	Automated drip irrigation
	Use of native and adaptive plant species
	Closure of water cycle with site
Water reuse and recycling systems	Condensate water recovery
	Waste water reuse: grey and black water recycling
	Biological waste treatment
Sustainable water management	Rainwater harvesting and reuse
	100 % Irrigation from rainwater
	Ground water quality and conservation
	Conservation and protection of existing water bodies
	Constructed wetlands
Sustainable drainage systems	Bioswales, filtration strips and/or retention ponds
	Constructed wetlands
	Water permeable paving for external areas
	Surface runoff reduction
	Surface runoff filtration

GREEN SCHOOL

BALI/INDONESIA

John and Cynthia Hardy created Green School for the children of Bali as a project to combat the downside of progress such as shortage of resources, energy waste and pollution up to the destruction of nature and living spaces. The aim is to develop lifelong responsible and green habits in these young people. Since the founding of the Green School in Badung/Sibang Kaja at Ayung River in 2008, the students have been learning everything corresponding to international education standards and about the practices of sustainability and environmental consciousness.

Since 2008 the number of students from 45 different countries has risen from 100 to 275; 10 to 20 % of the students are local children sponsored by scholarships. The founders of Green School regard their institution as a model for the world and not only for Bali. They encourage people to copy, to reinvent and to reproduce it. Another Green School is currently planned in Singapore offshore of Sentosa.

Green School History and its Founders

As residents of Bali for more than 30 years, John and Cynthia Hardy recognised a unique opportunity to create something outside of the structural, conceptual, and physical limitations of many traditional schools. Alan Wagstaff, an educational consultant and the author of Green School's original curriculum, has been involved in cutting-edge education for more than a quarter of a century. Jürgen Zimmer, professor at The Free University of Berlin, brings his hands-on educational experience in developing a global network of schools to Green School.

John Hardy, a Canadian art student made his way to Bali in 1975. Intrigued by the Balinese craft traditions, he settled there and began producing jewellery with local artisans. Cynthia broke off her law studies at Berkeley, moved to Bali in 1982 and opened a jewellery shop; she and John have lived and worked together since 1989. From the beginning, John and Cynthia's approach to business was characterised by a very respectful dealing with Bali's land, environment, people and culture.

Their mission is to share the educational benefits of a Rudolf Steiner School and the positive experiences of their children, which they were fortunate enough to provide to others:
"We are building Green School to create a new paradigm for learning. We want children to cultivate physical sensibilities that will enable them to adapt to and act in the world. We want children to develop spiritual awareness and emotional intuition, and to encourage them to be in awe of life's possibilities."

Learning for a sustainable future

The vision behind Green School is a world marked by respect for the planet and its inhabitants. At school, children are encouraged to acquire leadership values and life skills in addition to essential academic skills, as close to nature as possible. Green School is preparing students to be critical and creative thinkers who are capable and able to champion the sustainability of the world and its environment – this new model of education connects the timeless lessons from nature to a relevant and effective preparation for a fast-changing future. The founders believe in three simple rules underlying every decision: "be local", "let your environment be your guide" and "envisage how your grandchildren will be affected by your actions". The guiding Green School Values are: Integrity, Responsibility, Empathy, Sustainability, Peace, Equality, Community and Trust.

Green School analyses traditional paradigms and structures, reducing or trying to reform them. Its curriculum combines the academic rigour expected of schools and institutions of higher learning in the core subjects of English, Mathematics and Science, with hands-on learning experience within a Green Studies and Creative Arts curriculum. Green School is international in its teaching and learning and provides courses on global awareness, local, national, global political issues and social issues. It is preparing students to be critical and creative thinkers who are confident to champion the sustainability of the world and its environment. This new curriculum inspires their thirst to know more, equips them with appropriate and relevant knowledge, and nurtures their passion to influence change in the way we are managing the world.

Learning, living and building in and with nature

Tropical rainforest and rice fields surround the Green School in Bali. The 75 buildings of the campus have been built from local and renewable materials. Bamboo is the primary structural material used, but other local, natural, and renewable elements are also employed, including alang-alang thatch, volcanic stone, rammed earth, and the traditional Balinese mud wall. The existing natural topography was untouched: trees were felled only when it was unavoidable and new trees were planted to replace them. Old trees were preserved, and if necessary the structures were built around them.

Under no circumstances was earth removed or heaped. All building structures allow the natural incidence of light and air circulation, so that it is possible to conduct lessons on humid days in the tropical rainforest. The use of local bamboo, harvested and processed by local experts, is encouraged; its cultivation does not require irrigation, pesticides or even farming.

Furthermore, it is not just a traditional Asian building material, but also a rapidly renewable resource: after three to four years, bamboo can be harvested; the material has a compressive force of concrete and the tensile strength of steel. Well selected and cultivated, bamboo has a long lifespan – as shown by century-old examples. Bamboo is treated with a naturally occurring boron salt which is harmless to people and unpalatable for insects.

The school grows much of the food it consumes, including organic rice, fruit, and vegetables and cultivation and harvesting is also part of the curriculum. Children even learn to make chocolate as well as how to produce coconut oil or honey and practice fish-farming, always keeping in mind the respect for nature and maintenance of species diversity. Energy self-sufficiency from a combination of micro-hydro power and biogas systems is emerging.

The campus covers an area of over 18,000 m^2, including eleven classrooms, common rooms, a library, laboratory, rooms for art, workshops and theatre halls, kitchens and dining rooms, apartments for teachers, a sports hall and a soccer field, all surrounded by the bio-organic oriented agricultural school with their fields and flowerbeds.

The property developer of Green School was PT Bambu, an architectural firm and construction company which uses bamboo as a primary building material in order to counteract the further deforestation of rain forests; the team of Ibuku design with Elora Hardy, Defit Wijaya, Putra Wiarsa, Nyoman Kerta, Eka Wiradana and Ali Faqih has accompanied the design process of the Green school since 2004 and is responsible for the emerging "Green Village". In 2010 Green School was nominated for the prestigious Aga Khan Award for Architecture.

NG SEKSAN – THE AVANT-GARDENER

FARAH AZIZAN

Scene 1: Work and Play.
Studio at Jalan Tempinis Satu, Kuala Lumpur

Roots of the creeper Cissus nodosa canopy trimmed to precision hover gently in the breeze. The vegetation serves as shelter from the sun and frames the entrance to the studio tucked away in an unassuming neighbourhood in suburban Kuala Lumpur. The crunching of gravel announces the arrival of a colleague, a client or a visitor alerting in the process Olive the dog, the courtyard chickens and Uma, the steadfast guardian and keeper of secrets in the office.

The heavy-set door rolls open to reveal an inner courtyard garden anchored by the Eugenia spicata whose branches have grown like many-fingered outstretched hands reaching for the sunlight. We are in a space without walls; light filters through leaves and branches, creating patterns on the bare concrete floor.

Right at the back, under the dappled shade of the overgrown fig tree whose leaves and fruits fall heedlessly at times – much to the dismay of the grumpy neighbour – is a weathered wooden table, the silent witness to the sun, rain, lunch spills and many conversations. Bare feet stealthily climb the recycled railway sleeper treads that lead to the studio on the first floor, surprising us as we wander from drafting planting plans to posting news in Facebook.

Wild, unruly hair. Worn hands, deft and nimble. Trousers patched with love and endurance, threadbare in places, reveal skin browned by the sun.

One learns to scale and humanise each element that feeds into the process of understanding the principles that govern the design practice run by Ng Seksan since 1994, by breaking things down to their barest components and starting from there. (67 Tempinis, Residential, Kuala Lumpur, 2004: see figures/images p. 110–115)

Context

For much of the twentieth century landscaping was viewed as a secondary activity, peripheral to its more radical counterpart, architecture. The Modernist movement's central fixation with progress, technology, order and the living machine left no room for nature's organic character within its frame of reference. With the decline of Modernism over the last thirty years, from an all-encompassing ideal to an aesthetical norm, the boundaries between landscape and architecture have progressively blurred. The problems caused by rigid architectural ideals disappeared and architects gradually found a more tentative approach to understanding surroundings, nature and contexts for building, eventually dissolving the rigid traditional division between the building and the environment.

Malaysian landscape architect Ng Seksan's works weave together symbiotically and seamlessly the tactile but often hard and imposing worlds of architecture. With a career spanning over thirty years in landscape architecture and design, including the much publicized Sekeping Serendah and Sentul Park, Seksan projects a self-effacing vision, a profound respect for nature and the environment, and a belief in making works that reflect an egalitarian lifestyle—simple, uncluttered, affordable and not overtly finished, unlike the decadent elitist frills that adorn much of the built environment in Kuala Lumpur. Ng Seksan embraces the principle of treading the land as lightly as possible, irreverent of man-made rules and conventions: He advocates restraint in design, knowing when to intervene and when to leave things as they are.

The Postmodern era afforded designers more freedom in thought. Eclecticism, fragmentation, irony, wit and the layering of unrelated ordering systems were deemed permissible, and, with this new ideology, especially landscape designers gained renewed self-confidence and also developed radical positions within the field of architectural design. In particular Martha Schwartz, whom Seksan cites as an influence in his early works, single-handedly redefined the concept of landscape architecture. "I guess the turning point in design came from a workshop I took part in which Martha Schwartz participated. At that time in the mid-1980s, it was phenomenal work for us; so refreshing and so different from what we had seen till then, using bagels and plastic frogs as landscape elements. I was influenced by her work for almost a decade, in which we designed landscape architecture projects which were oriented more towards a fine art perspective rather than the horticulture." (Rooted Modernity, interview by Seema Anthony in Journal of Landscape Architecture, New Delhi 2011.)

Geoffrey Bawa is another such architect whose prolific body of works and approach to architecture within the tropical Asian context exudes a sense of timelessness and acute sensitivity to the natural landscape. This work has had a great impact in solidifying Seksan's ideals into the method to his work: "A building can only be understood by moving around and through it and by experiencing the modulation of the spaces one moves through – from the outside verandas, the rooms, passages, courtyards – the view from these spaces into others, views through to landscape and beyond, and from the outside of the building, views back through rooms into inner rooms and courts. Equally important, the play of light in both garden and inner room – from a shaded inner space to the celebration of light in a courtyard." (David Robson and Richard Powers, Beyond Bawa, Thames and Hudson, 2008.)

Seksan grew up in Ipoh, a small town some two hundred kilometres north of Kuala Lumpur. Its geographical location in the rich tin-bearing valley of the Kinta River made the town a natural centre of growth that gained prominence and wealth in the early twentieth century due to a boom in the tin mining industry. Surrounded by limestone hills and blessed with water rich with minerals, vegetation was lush and abundant and left a lasting impression on the young Seksan: "My parents especially my father came from a very deprived background. He was orphaned at the age of ten and had to fend for himself as well as his younger brother during that very difficult period of the Second World War and the Japanese occupation of Malaysia. By the time he was twenty years old he started a small business concocting cough mixtures and I spent a lot of my weekends and holidays in my father's Volkswagen travelling to the small villages in Perak helping to sell his medicine. This was time well spent, as I got to experience all the details in the riverbanks and streams and drains (which were full of fish then) and village streets and sidewalks whilst waiting for my father to ply his trade. I also experienced the land in its wet and dry seasons and I remember spending a lot of time looking out of the window of that Volkswagen and deciding on my favourite landscape, spending lots of time in the later years imagining my dream house in the rubber estate or on the grassy windswept slopes or floating on the edge of the cyan blue mining pools."

After spending thirteen years studying and working in tranquil New Zealand, Seksan returned to confront the sheer extremes that peninsular Malaysia offered in the early 1990s. Malaysia's natural ecology comprises lush tropical vegetation on laterite soil, torrential rainfall, fluctuating humidity and scorching sun, so typical of countries that lie within the equatorial belt. This requires a sensitivity and careful observation of the localities specific to the site that are key to planning and design. In addition to ecological and cultural considerations, the local building industry is plagued with many idiosyncratic issues concerning political red tape, bureaucracy, and clients that demand first-world construction standards which cannot be met by workers on a third-world contract. Also known in the local building industry for his ability to "bend" the rules and regulations in the name of pursuing his design ambitions, Seksan does not shy away from confrontations with the authorities in his belief in pushing design boundaries: "I think the rebellious streak comes from my student activist days in New Zealand back in the 1980s, when we were trying to change the world, from protesting the apartheid regime in South Africa to US intervention in Chile and Nicaragua to human rights campaigns in Malaysia, Singapore and the Philippines, etc. In that process I guess I learned not to conform but to question unjust laws or any conventions imposed. In the mid-1990s Martha Schwartz also had a tremendous influence on me in pushing the boundaries of design and looking at landscape design in a totally unconventional way." (Clouds; Installation, Processing the City, Kuala Lumpur, 2007: see figures/images p. 116–117)

Contractors became friends and intrinsic to the design, building, and planting process of Seksan's projects; thus traces and imprints of their work processes are etched in the final outcome. And the final building or landscape product in conventional terms is only the beginning of its slow and inevitable decay, as for any organic being over time. Materials age over time, and it is a fundamental foundation of Seksan's work that this ageing process is not restricted but nurtured and engaged with on a constant basis, thus enriching our perception and spatial experience of a particular space. Where in previous works Seksan had not shied away from bright and shocking compositions, more recently his works display a conscientious effort to veil the built environment in the greens of the natural surroundings. He conceals much and reveals only what is necessary, via planting and strategically placed green constructs, in an effort to symbiotically merge the man-made and the organic into a seamless whole.

"When I first came back to Malaysia, we were looking at what is the tradition of landscape in this country or how landscape can be imagined. In Japan or in Bali, for example, one can see a strong aesthetic sensibility rooted in their cultural worldview that is translated into their garden or landscape design. After our initial research, we came to the conclusion that Malaysia, being a relatively new country, is too young to have a tradition. As such, our main thrust was towards experimentation. Because there wasn't really precedence to follow, the next thing to do was to experiment, to try to pump in new ideas into the landscape scene, in the process, hopefully initiate something that can be distilled and developed over the next fifty or hundred years into something worth thinking and refining. I realised that I probably won't see a Malaysian vernacular, which is tied into what can be described as a 'Malaysian sensibility' in my lifetime. What is important is to kick-start this. Because we are constantly experimenting, there are a lot less hang-ups. Therefore we can afford to be eclectic in our approach, drawing references from both East and West. That is from a philosophical and historical point of view." (ART4d magazine, February 2010, interview by Simon Soon.)

The trend towards vertical greening pioneered by Patric Blanc in the late 1980s proliferated through the landscape design scene. Upon seeing it for the first time at the Cartier Foundation in Paris, Seksan was mesmerised by its impact on an urban setting and scale. He saw parallels to his memories of growing up within the folds of the Ipoh limestone hills, vertically clad with verdant natural vegetation. This influenced his thinking on intensifying urban landscaping, whereby plants, architecture, and human interaction could potentially and simultaneously engage and perform functionally on an equal platform, moving away from landscape's peripheral role as merely decorative toward improving and impacting a spatial condition on a holistic level. Examples are using vertical planting as a double skin to lower the indoor temperature of a building in the Lot 10 Roof Garden, and most recently toying with the idea of the vertical urban farm to address the environmental and food crisis that is slowly enveloping the world.

The question of influence has always been a thorny issue for some architects who jealously defend their status as instigators of original ideas. However, the truth is that architects and designers have always borrowed from the past in the process of learning and educating. They consciously and subconsciously absorb what works within their own frameworks and discard what does not. Architects manifest and filter these observations and thereby form new ways, ideas, methods and processes, thus ensuring that the processes of inspiration and influence continue from generation to generation.

Scene 2: Roots, Voids and Shadows.
Sekeping Serendah, Serendah

The idyllic and quaint landscape frames the journey to the famed jungle retreat which, as I write, is expanding organically. What originally started as a single glass house for a private family getaway has now extended to a sprawling complex of two glass houses, two timber Malay houses, two mud houses and his latest acquisition of two timber-framed former cast-iron foundry warehouses relocated to the jungles at the foothills of Serendah. "Sekeping Serendah is a response to the slash-and-burn, cut-and-fill way of building in this part of the world. It is a personal demonstration that we can build on the land in a bit more sensitive manner. It is about respecting the land while building on its steep slopes with its abundant vegetation. Sekeping Serendah is about celebrating the things that God has given us so generously ... the sky, the trees, the water, the birds, the snakes, and the insects. That context is bigger than the architecture. The architecture is really incidental. It is there only to provide some shelter and comfort for that celebration. Sekeping Serendah attempts to merge the intentions and the execution. It's our little experiment in walking the talk." (CUBES #007 magazine, 2004, interview by Abdul Aziz Draim.)

The Aboriginal proverb – touch the earth lightly – plays a central role in the inception of Seksan's designs, solidifying the intimate relationship between the built and natural environment. This is a romantic notion in theory, but it requires physical effort to walk the site, a sensitivity to the feel of the land, a skill in observation of the very specific conditions of the existing light quality, spatial topography, air flow, and direction of the sun. What is at stake is how to locate that first cornerstone of the man-made intervention, and this requires the spontaneity of the gifted. The proverb is more than just a physical manifestation according to Seksan, but a process of healing the land as an extension of that same philosophy that is fused in Serendah, a consolidation of Seksan's ideals and principles in life and design. (Sekeping Serendah, Retreat, Serendah/Rawangor, 2000–2012; see figures/images p. 118–121)

Scene 3: Light, Space and Air.
Kong Heng Hotel, Ipoh, Perak

In sleepy downtown dilapidated Ipoh sits a three-storey stately building whose sunburnt skin reveals shades of ochre, ultramarine, and sea-foam green. The ground floor houses a traditional Chinese old-style coffee house patronised by generations of families which has granted it an institutionalised status. The smell of freshly brewed white coffee, a specialty of Ipoh, rises and perfumes the early morning air amidst the cacophony of banging pots and pans and the lady peddlers and men's banter of the day.

With the collapse of tin prices and the closure of the tin mines in the late 1970s, Ipoh's growth stagnated, resulting in migration to other parts of Malaysia, particularly metropolitan areas such as Kuala Lumpur and Singapore. Ipoh was left a shell of its active and indulgent past. Testimony to its very diverse and culturally decadent life was Kong Heng, originally an old hostel for actors. It is a neo-classical colonial building bought by Seksan and his partners in an effort to not only preserve but rather to revitalise and regenerate life in the old town by generating a multi functioning public space that houses a bed and breakfast for visiting tourists and relatives from out of town. This is a conscious effort to capitalise on culture and to frame and humanise the space of real estate development through sensitive design and landscaping, recreating a public culture by shaping public space for social interaction and reconstructing a visual representation of the new Ipoh.

The existing building envelope is preserved, leaving almost everything intact, including the charming coffee shop. The first floor of the building is converted into eight dormitory-like rooms flanking a narrow, dimly lit corridor reminiscent of its past. The rooms, in contrast, are surprisingly spacious in feel and configuration. All the rooms impart a layering of history evidenced by the patina left on the unpainted walls. The top floor is vast; sunlight streams through the creaky window panes. Upon entering the room, one is confounded by the impressive perspectival views of the timber rafters with glass sleeping boxes suspended between them, adding a dramatic feature to the space. A newly built annex block houses a café space, a family style apartment and an open communal space.

Seksan hopes this effort will initiate an urban revival of the old Ipoh quarter. Part of his commitment to sustainable development will be to extend Kong Heng to the neighbouring plot in an industrial warehouse building, converting it into a culinary school for disadvantaged children and setting up a fair-trade market to promote the arts and crafts in collaboration with his friends in the arts. This experimental space will also be used to test out new ideas in urban farming on the rooftop of the warehouse structure in a simultaneous effort to increase food production within the local area and also to use this design idea as a passive cooling system for the space below. Recognition of environmental degradation within cities through the relocation of resources to serve urban populations has inspired the implementation of different schemes of urban agriculture. From historical models such as Machu Pichu to designs for new productive city farmers, the idea of locating agriculture in or around the city is exciting to explore. (Sekeping Kong Heng, Guest- and Coffeehouse, Ipoh, 2012: see figures/images p. 122–127)

Finale: Design for 90 %

The new landscape is pluralist and inclusive, and draws from a great diversity of sources and disciplines, as witnessed in the emergence of landscape designers from different fields such as architecture, engineering, fine art, urbanism, and environmental art. This confluence of the artistic with an inventive and resourceful community spirit is what Seksan, who was trained formally as an engineer, though he is an artist at heart, brings into play today to the field, along with the realisation that landscape design is inherently tied to the global ecosystem and its appropriation of place and context.

Although he has spent most of his time in the larger chaos of Kuala Lumpur, Seksan is still a small-town boy at heart, appreciating the smaller things in life and giving value to things that we so easily walk by. These are the things we take for granted when we have them but miss when they are gone. Seksan has made his statement about being appreciative of the simplistic. Now sitting in the midst of a mountain range of magazines, books, and invitation cards with his laptop in front of him, he looks towards a world where design is not just for the elites, but rather (and more importantly) for all. When asked about leaving a legacy, he shrugs at the term, which he associates with egocentrism. Instead he prefers the word hope. Hope for the future. Having been in the business for more than fifteen years, he has seen his fair share of how the elites have made the world the way it is today. The rat-race is a race that cannot be won without more losses. His hope is that this realisation will become evident in the built environment. In an unorthodox take on worldly success, Seksan sees a world where the story of community takes precedent: "The hope for the future is that more designers will attempt in their own way to find unconventional solutions in order to leapfrog our built environment to a better one and that good design will not be concentrated on the upper end and elite development or products, but find itself in a big way in the mass market that impacts the majority of our population."

FARAH AZIZAN (born 1978, Kuala Lumpur) obtained her BA in architecture at Nottingham University, UK and pursued her diploma in Architecture at the Architectural Association, London. Upon graduating in 2004, she worked for Tonkin Liu Architects, returned reluctantly to Kuala Lumpur and joined Seksan Design where she practiced landscape and architectural design for 5 years. In 2011, she set up Studio Bikin, a small multi-disciplinary practice engaging in architecture, landscape and design with her partner Adela Askandar.

SEKSAN DESIGN, Sekeping Serendah, Rawang/Malaysia, 2012

Der Katalog erscheint anlässlich der Ausstellung
The catalogue is published on the occasion of the exhibition

Schauplatz Natur — On Stage: Nature

Grüne Häuser, tropische Gärten
Green Buildings, Tropical Gardens

ifa-Galerie Stuttgart
Charlottenplatz 17, 70173 Stuttgart
19. Oktober 2012 – 6. Januar 2013

ifa-Galerie Berlin
Linienstraße 139/140, 10115 Berlin
18. Januar – 10. März 2013

Ausstellung und Katalog
Exhibition and catalogue
Iris Lenz
Stefanie Alber, Valérie Hammerbacher
Laura Cohen, Petra Eisele, Karolin Kruse, Daen Huse

Technische Realisierung — Technical realisation
Rainer Koch, Anton Berndt
Hans Pfrommer, Armin Subke

Kunstvermittlung — Art education
Barbara Karsch-Chaïeb, Christiane Wilhelmi

Übersetzungen — Translations
Annette Wiethüchter aus dem Englischen — from English
Greg Bond ins Englische — into English

Lektorat — Copy-editing
Sigrid Hauser, Geoffrey Steinherz

Grafische Gestaltung — Graphic Design
Philippa Walz, Stuttgart

Druck, Gesamtherstellung — Print, production
AZ Druck und Datentechnik, Kempten

Film über — on Ken Yeang: Ted Byron Baybutt, London
www.chasingthebear.co.uk

Fotos, Pläne — Photos, plans
© Die Architekten — The Architects, Green School;
S.122–127: Rupajiwa Studio

Ernst Wasmuth Verlag Tübingen • Berlin
www.wasmuth-verlag.de

ISBN 978 3 8030 0756 8

Das Institut für Auslandsbeziehungen e.V. wird gefördert vom Auswärtigen Amt der Bundesrepublik Deutschland, dem Land Baden-Württemberg und der Landeshauptstadt Stuttgart.
The Institut für Auslandsbeziehungen e.V. is supported by the German Foreign Office, the federal state of Baden-Württemberg and the state capital, Stuttgart.

»Kulturen verbinden« — »Connecting Cultures«

Die Wüstenrot Stiftung ermöglicht mit großzügiger Unterstützung die Konzeption und Durchführung eines umfangreichen Vortrags- und Vermittlungsprogramms.